トコトン生きるための15問

玉木幸則
Tamaki Yukinori

解放出版社

装丁・森本良成
本文レイアウト・伊原秀夫

はじめに

前の著書『生まれてきてよかった―てんでバリバラ半生記』（解放出版社 二〇一二）では、ボクが生きてきた半生をみなさんに読んでもらったのですが、早いもので、あれから八年が経《た》ちました。もちろん、ボクの人生も現在進行形ですので、この八年の間にもいろいろとありました。

プライベートでは、家族の協力を最大限受けながら、姫路市《ひめじし》で一人暮らししていた母親の最期《さいご》を見送ることができたこと。寂《さび》しいことには違《ちが》いないのですが、父親のときにはしてあげられなかった「家で看取《みと》る」ことができました。

また、息子《むすこ》が大学を卒業して、社会福祉《ふくし》の現場に就職したこと。ほとんど人には伝えていないのですが、彼《かれ》が社会福祉の道に進んでくれたことは、素直《すなお》にうれしかったです。

そして、ボクのカラダは去年（二〇一九年）、胸椎《きょうつい》一二番の圧迫《あっぱく》骨折をしてから、カラダとココロのバランスが大きく崩《くず》れてしまい、筋緊張《きんきんちょう》が強くなり、睡眠《すいみん》が乱れてきたこと。

だから、もう一度、ボクの生き方を見つめ直すために、西宮市《にしのみやし》社会福祉協議会を退職し、フリーランスで仕事を始めたことなど、自分でもビックリするくらいの出来事がありました。

ボクたちの暮らしを取り巻く状況《じょうきょう》でも、良いことも悪いことも含《ふく》め、衝撃的《しょうげきてき》な出来事がたくさん起きました。国連の障害者権利条約を批准《ひじゅん》し、障害者差別解消法が制定されたことにより、障害のある人の人権が守られ、障害のあるなしにかかわらず分《わ》け隔《へだ》てのない社会に進もうとしている一方で、子どもや障害者に対する虐待《ぎゃくたい》事件がなかなかなくなっていかない。

とくに衝撃を受けたことは、本来は、障害のある人の暮らしが守られるはずの入所施設《しせつ》で、何の非もない障害者一九人の尊い命が奪《うば》われ、二六人が傷つけられた「相模原《さがみはら》障害者施設殺傷事件」。そして、「旧優生保護法訴訟《そしょう》」。国は、過去の法律であるため、賠償《ばいしょう》責任はないと平気でいっているが……。

また、最近では、ＡＬＳ患者《かんじゃ》の嘱託《しょくたく》殺人という恐《おそ》ろしい事件を契機《けいき》に、「死ぬ権利」という意味のわからない議論が再燃しつつあります。なんか、モヤッとすることが多くなってきたように思います。

また、熊本《くまもと》地震《じしん》や西日本豪雨《ごうう》などのように、毎年、どこかで大きな災害が繰《く》り返《かえ》し起きています。その状況に追い打ちをかけているのが「新型コロナウイルス」という厄介《やっかい》なものの登場です。

障害のあるなしに関係なく、みんなの不安が増していくばかりなのかなと感じています。その不安をなんとか取り除きたいと思っています。この本では、どうすればみんなで幸せを感じながら生きつづけられるかを考えていきたいです。

ボクが、NHK Eテレに毎週出演することになって一二年目を迎《むか》えることができました。これも、みなさんに応援《おうえん》していただいているおかげだと思っています。たまには、いろいろなプレッシャーに押《お》しつぶされそうになることもありますが、とりあえず「玉木、もうクビ」と言われるまでは、もう少しがんばっていこうと思っています。

二〇一二年から始まった「バリバラ」も、「障害者のための情報バラエティー」と銘《めい》打《う》って、障害のある人の暮らしにまつわる情報を中心に放送していたのですが、二〇一六年からは、「みんなのためのバリアフリー・バラエティー」ということで、障害者だけではなく、この世の中には、いろいろな人がいて、その多様性が認められる社会になってほしいという願いをこめて、障害のある人にかぎらず、さまざまな生きづらさや暮らしにくさをみんなで考えていくきっかけになればと思い発信しつづけています。

そして今回は、本書の制作にあたって、Facebookなどを通じて、「玉木に聞いてみたいことは」と投げかけさせていただいたところ、たくさんの質問をお寄せいただきました。ありがとうございました。紙幅の都合で、すべての質問を掲載することはできませんが、掲載できなかった質問に対するヒントも、できるだけ本文に盛りこみました。前述しているモヤッとすることを中心に、「生きつづける」ために必要なこと、ボクが考えていることを書かせていただきました。これは、「答え」というものではなく、あくまでも、現時点で「玉木はこう考えているけれど、みなさんは、どう考えますか」と、対話していく材料と思って読んでいただけたらうれしいです。なかなか「これが正解」というものはないと思うし、ときに、ボクが書いたことで、誤解されたり傷つけたりしてしまうかもしれませんが、それでも、今回は、伝えていこうと書いてみました。

また、この本は、いろいろな人に読んでもらいたいと思っています。できれば、中学生くらいから、しかも、「障害のある人」にあまり関心のない人たちにも「生きつづけること」を考えてもらいたいという気持ちで書きました。おもしろおかしくとはなかなかいきませんが、最後までお付き合いいただけたらと思います。

二〇二〇年一〇月

玉木幸則

トコトン生きるための15問　目次

1　本当の「障害」って何だろう？

問1　「障害」？「障がい」？どう表記していますか？

最近では「障がい」という表記も多く見られますが、玉木さんは漢字を使いますか？ ひらがなにしていますか？ また、その理由も教えてください。（Oさん）

◉「障害」は社会の側にある

ボクはいつも「障害」と漢字で書いています。が、ほんまは、どっちでもええんですよ（笑）。

ある時期から、障害のことを「障がい」と、「害」をひらがなで表記することが一般的《いっぱんてき》に増えてきました。障害者に「害」があるわけではないから失礼だということで「障がい」という表記が広まっていきました。

ではなぜボクが漢字で書くのかというと、障害者が生きづらいのは、いつまでも変わらない社会のほうに問題があると考えているからです。

障害者って、どんな人たちかな？　身体障害（そのなかには視覚障害、聴覚《ちょうかく》障害、言語障害、肢体《したい》不自由、内臓疾患《しっかん》なども含《ふく》まれる）、知的障害、発達障害、精神障害、難病などがある人たちが「障害者」といわれてきたけれど、障害というのは、本当は、そういった人たちが地域のなかで疎外《そがい》され（のけものにされたり、遠ざけられること）、生きづらさなどを感じている状態のことをいうんじゃないかな？　また、社会の仕組みや、それらをつくってきた人たちの心のなかにこそ、本当の「障害」がひそんでいる。ボクはそう考えています。

それに、「障がい」とか「しょうがい」とひらがな表記に変えることで、障害はなくなるんかな？　なくならんよね。ひらがな表記はむしろ、社会の側の問題をぼやけさせたり、ごまかしたりすることになってしまうんやないかなあと思っています。

ちょっとむずかしい言葉ですが、「医学モデル」と「社会モデル」という考え方があります。「医学モデル」というのは、障害の原因は、障害者自身にあるという考え方。この考え方は、長年の障害者運動のなかで、徹底的《てっていてき》に批判されてきました。その考え方でいくと、「障害は治すべきだ」とか、下手《へた》をすれば「障害者を産まない」という方向へ行ってしまいます。でも、そうじゃないですよね。

たとえばお店の入り口に段差があって、車いすやベビーカーを使う人が入れなかったとします。そしたらその人にとって、その段差は、生活するうえでの「障害」です。でも、スロープをつければ、入れるようになるよね。そしたら、その「障害」は取り除かれたことになるのです。こういう、社会の側の「障害」はまだまだたくさんありますが、それは一つひとつなくしていくことができる。病気や障害があってもなくても、みんながその人らしく、そのままの自分で生きていける社会にしていくべきと思っています。

大切なのは、きちんと自分の考え方を伝えていくこと。講演でもときどき、なぜボクは「障害」と漢字で書くのか、その理由を説明するようにしています。自分はこう思うということを、一人ひとりがしっかり伝えていくことが大事です。

◉「みんな」の共生を目指す障害者差別解消法

二〇一六年に、障害者差別解消法という法律が施行《しこう》されました〈＊1〉。正式名称《めいしょう》は「障害を理由とする差別の解消の推進に関する法律」。

第一条に、この法律の目的が書いてあります。

障害者差別解消法

第一条 この法律は、障害者基本法（昭和四十五年法律第八十四号）の基本的な理念にのっとり、全《すべ》ての障害者が、障害者でない者と等しく、基本的人権を享有《きょうゆう》する個人としてその尊厳が重んぜられ、その尊厳にふさわしい生活を保障される権利を有することを踏《ふ》まえ、障害を理由とする差別の解消の推進に関する基本的な事項《じこう》、行政機関等及《およ》び事業者における障害を理由とする差別を解消するための措置《そち》等を定めることにより、障害を理由とする差別の解消を推進し、もって全ての国民が、障害の有無《うむ》によって分け隔《へだ》てられることなく、相互《そうご》に人格と個性を尊重し合いながら共生する社会の実現に資することを目的とする。（傍線《ぼうせん》引用者）

講演で、「障害者差別解消法ができたんやけど知ってるか？」と聞くのですが、まだまだ知らん人が多い。大事なのは、主語が「みんな（＝全ての国民）」となっていることです。「障害者のために」じゃない。みんなが共に暮らせる社会をつくることを目的にした、とても大事な法律です。

この法律は、「不当な差別的取扱《とりあつか》いの禁止」と「合理的配慮《はいりょ》の提供」が二本柱になっています。「不当な差別的取扱い」というのは、たとえば、レストランに入ろうとしたら障害者だからといって断られたとか、そういうこと。いまはだいぶ少なくなってきたけど、ちょっと前まで、こういうことはけっこうありました。そういうことをしたらダメですよ、ということです。それから「合理的配慮」というのは、障害のある人もない人もその人らしく生きていくための、理にかなった工夫《くふう》の積み重ねをしていくこと。たとえば、耳が聞こえにくい人には筆談で、また、目の不自由な人には読み上げるなど、ちょっとした配慮で助かる人はたくさんいます。そういうことをしていきましょうということです。だから、いますぐにできることは何かを考えつづけることが大切ですよね。

これからこの本で、ボクの生き方や、障害、差別について語っていくけど、ボクにとっての障害＝生きづらさは、まだまだたくさんあります。この法律がもっと理解され、社会に浸透《しんとう》していけば、きっと「障害」という言葉も使わなくなるんやろうと思います。

問2

「脳性まひ」って、どんな障害ですか？

聞き慣れた名前のようだけど、よく考えたら具体的には何も知りません……。テレビではいつも明るく、ユーモアがあって、ちょっぴり辛口《からくち》の玉木さんですが、どんな障害があって、どんな体調なのか、教えてください。

（Kさん）

◉お母ちゃん、ありがとう！

ボクは、一九六八年に兵庫県姫路市《ひめじし》で生まれました。生まれたとき、仮死状態だったそうです。出産予定日を一〇日くらい超《こ》えていたので、陣痛誘発剤《じんつうゆうはつざい》を使って陣痛を起こして、破水したのですが、それでも出てこなかったから、結局、鉗子分娩《かんしぶんべん》になった。鉗子ってわかるかな？　金具のことですが、それを使ってボクの頭を挟《はさ》んで引っぱり出した。当時は帝王切開《ていおうせっかい》ができる産科医は決まっていて、ボクのお母ちゃんが行っていたのは帝王切開をできない産科でした。で、鉗子分娩でおなかから出てきたときには、呼吸が停止していて、そのまま保育器に入って、三日くらいで復活したそうです。

そんなわけで、出生時に脳に酸素がじゅうぶん回らなかったから、脳の機能が一部ダメージを受けています。それによってボクの場合、運動機能障害や言語障害というかたちで影響が現れてきました。

脳性まひというのは、周産期や生後一カ月くらいまでの間に、脳に何らかのダメージが加わって、のちに運動機能障害や知的障害といった影響《えいきょう》が出てくることをいいます。じゃあ生後一カ月を超えてたら何というのかというと、「熱などの後遺症《こういしょう》による脳障害」というのね。厳密にいうと、原因は、熱だけでなくいろいろあるけどね。だから似たような障害の人がおっても、脳性まひかもしれないし、熱などの後遺症による脳障害かもしれない。

そして、ひとことで脳性まひといっても、脳の傷つき方によって一人ずつ違《ちが》う。だから、これからの話はあくまでも「ボクの場合は」という前置きをしたうえでの話です。ボクは筋緊張《きんきんちょう》が強いけど、逆に筋肉に力が入らなくて、だらんとしている人もいます。だから、あくまでも、ボクの場合のことしか言えません。

ちなみに、ボクのお母ちゃんは当時、生まれた瞬間《しゅんかん》にお医者さんが、ボクを保育器に連れて行ってしまったので、出産直後はボクが仮死状態で生まれてきたことを知らんかった。産科医からとくに説明を受けなかったから、ボクが脳性まひだとは知りませんでした。

お母ちゃんがそれを知ったのは、二歳《さい》の終わりくらいにボクが熱を出して病院に行ったとき。かぜだと思って病院に行ったら「この子、脳性まひやで」と医者から言われた。それはすごくショックだったそうです。後から聞いたら、その日はどんな道を通って、どれくらい時間をかけて帰ったか、まったく覚えてない。お母ちゃんは、その後も何度もボクを抱《だ》っこして、「この子と一緒《いっしょ》に死のう」と思って踏切《ふみきり》の前に立ったそうです。でも、そのたびにボクが泣くので思いとどまったって。お母ちゃん、よう思いとどまってくれたなあ。あのとき思いとどまってくれたから、いまのボクがあります。だから「お母ちゃん、電車に飛びこまんでくれて、ありがとう!」と、ほんまに思っています。

◉眠《ねむ》るのも一苦労

障害というのは、歳《とし》を重ねていくと重度化していきます。どうしてかと言うと、脳性まひの場合、身体状況《じょうきょう》は実年齢《じつねんれい》+二〇歳《さい》くらいだと仲間のなかではいわれています。ボクは今年五二歳だけど、七〇歳くらいの身体状況といわれるくらい、いろんな機能が落ちてきています。

ボクの場合は、強い筋緊張があります。たとえばごはんを食べるにしても、何かしゃべるにしても、力が余分に入ってしまうので、いろんなところの筋肉が硬直《こうちょく》したり、パーンとつったり、その影響で筋肉の炎症《えんしょう》とか、神経の炎症が出てきて痛みます。

筋緊張が強いと、寝《ね》るときのポジションもなかなか探《さぐ》れないから、寝付きが悪かったり、痛みがひどくて目が覚めたりします。薬も余分に飲む必要があります。睡眠薬《すいみんやく》、筋弛緩剤《きんしかんざい》（筋肉の動きを抑《おさ》えて緩《ゆる》める薬）、痛み止め。そういうのを飲むことになってきました。ボクが前に出した本では、「筋緊張が強くてしんどいときにはお酒を飲む」と書きました。お酒を飲むと血流がよくなって、弛緩《しかん》効果があります。昔の医学書には、脳性まひの薬物療法《りょうほう》としてアルコールが載《の》っていたくらいです。でもいまは、それも効かなくなりました。

たまに、ベッドで寝られなくて、リビングや廊下《ろうか》で寝ていることもあります。それくらい、寝られるポジション、楽な姿勢を見つけるのがむずかしいんよ。「痛い」とか、声に出してることもあるみたいです。それで無意識のうちに、なんとか寝心地《ねごこち》のいい場所を探して、ベッドの外に行っています。「とりあえずここで寝られるかな」と。でも、みなさんもお父さんがトイレの前とかで寝てたら、びっくりするよね（笑）。うちの子たちは慣れていて、「しゃあないなあ」と思っているようです。たまに「お父ちゃん、ベッドで寝るか」と言って、ベッドに戻《もど》してくれたりします。

ですから、睡眠時間はよくても五時間くらいです。二～三時間しか寝られないこともザラです。だからまあ、シャキッとすることはないよね。いまや疲《つか》れがとれるという感覚がないねぇ。薬もたくさん飲んでるし、だるさはずっとあります。でも、ボクはずっとそういう体で生きてるから、朝が来たらとりあえず動く。仕事をします。「まあ、こんなもんや」と思っています。いまは、定職に就《つ》いていないので、少しゆっくりと暮らしているけれど。

胸椎《きょうつい》一二番を圧迫《あっぱく》骨折し、最近は、その影響で体の緊張がさらに強くなってきました。さらに息苦しさがひどくなり、夜はシーパップという、空気を鼻に送りこむマスクをつけて過ごしています。夕方になると声が出にくくなることもあるんよね。だからけっこう、心身共にしんどい状況です。

薬はどのくらい飲んでるかって? まずは筋弛緩剤《きんしかんざい》。朝は二錠《じょう》飲んで、昼夜は一〇錠ずつ飲んでましたが、最近さらに二種類の弛緩剤が増えました。痛み止めも二種類。それから血流をよくする薬と、末梢《まっしょう》神経に効くビタミン剤。血圧を下げる薬。筋緊張が強いと血圧も高い。胃薬、整腸剤《せいちょうざい》。あとアレルギーの薬も飲んでます。アレルギーは食べ物以外はいろいろ、一年中何かしら原因があって、花粉症《かふんしょう》シーズンが一番ひどいけど、スギやヒノキ以外にも、イネとかブタクサ、ヨモギ、それからハウスダストや犬猫《いぬねこ》もあるなあ。

夜には睡眠薬を一種類。睡眠薬は強いのを飲んでるから、普通《ふつう》の人はこれ飲んだらすぐ倒《たお》れますよ。それでもボクは、覚醒《かくせい》（頭がさえていること）しているとぜんぜん眠れないこともあります。たまに、仕事のことや体のこととか、何か気になることがあると、それで覚醒してしまうから。薬に勝ってしまうのかな。眠剤《みんざい》を飲んでいても、原稿《げんこう》を書く必要があるときは書けてしまいます。こういう状況がダメなのでしょうね（苦笑《くしょう》）。

◉大人になったら〝ぼっちっち？〟

ボクは月に二回、ＰＴ（Physical Therapy＝理学療法のこと。運動や電気刺激《しげき》、マッサージ、温熱などの手段で身体機能の回復や改善をめざす）を受けています。知り合いの理学療法士さんがボクの忙《いそが》しさや役割を理解してくれて、「このままだと身体が潰《つぶ》れてまうで」といって、受けさせてもらっています。

いまの健康保険制度では、脳性まひの人にリハビリをやるという発想はありません。たとえば交通事故で首を骨折した人は、昔は健康保険である程度回復するまで入院してリハビリを受けることができました。首を骨折してしまうと、首から下の感覚がなくなって動きにくくなってしまうのですが、それがリハビリによって、自分でベッドから車いすに移れるとか車いすに長時間座《すわ》っていられるとか、そのくらい回復します。ところがいまは社会保障費が膨《ふく》らんできたから、国はいかに抑制《よくせい》するかということしか考えない。入院できるのもせいぜい六カ月、まあ三カ月で転院したとしてマックスで九カ月、そこまで入院したらあとは退院になってしまいます。きちんとリハビリしたらもっと回復する人も、そこで放り出されることによって、重度化していってしまいます。ましてや、脳性まひの人にリハビリしようなんて、まったく想定してない。リハビリテーションというのは、けがをしたりした後の回復に使うものであって、機能維持《いじ》とか低下させないためのリハビリというのは、いまの健康保険制度上は発想としてありません。

それに、住んでいる地域によっては、必要な医療《いりょう》にアクセスしにくいこともあります。小児科《しょうにか》がない地域や、産科の少ない地域だってたくさんあるでしょう。住む場所によっては適切な医療を受けられない現実に対して、障害者だけじゃなくて、障害のない人も本来怒《おこ》るべきことだと思います。憲法には「法の下の平等」と書いてあります。

日本国憲法

第一四条 すべて国民は、法の下に平等であつて、人種、信条、性別、社会的身分又《また》は門地により、政治的、経済的又は社会的関係において、差別されない。

脳性まひなんか、医療からは〝ほっちっち（ほったらかし）〟です。乳幼児期はしっかりと療育《りょういく》やリハビリをするけど、小学校にあがった後はもう、ほっちっち。成人期の脳性まひを診《み》る専門医はいないのです。もうからんし、興味もないんでしょう。たとえば「首が痛い」となれば、首専門の整形外科医《げかい》が診る。「肩《かた》が痛い」といえば、肩専門の整形外科医が診る。脳性まひの根本的な理解がないから、痛み止めの薬や湿布《しっぷ》を処方したり注射を打ったりして対処するという状況です。

ボクはかつて施設《しせつ》に入っていた関係で、成人までは年に一回はその施設で受診《じゅしん》をしていました。いちおう脳性まひの専門医療機関だったのです。二一歳くらいから首や肩が痛くなってきて、医者に相談しました。そしたらこう言われました。

「ああ、脳性まひの人はそういう二次障害が出てくるから仕方ないよね。痛みが出てきたら近くの整形外科に行って、痛み止めをもらって、まあおいしいものでも食べてゆっくりするしかないわな」

それ聞いた瞬間、「あ、ここの医者もうあかんわ」と思った（苦笑）。それで見切りをつけました。

いまボクは、整形外科は大きい病院と小さい診療所《しんりょうじょ》、それから胃腸外科、皮膚科《ひふか》、呼吸器内科、耳鼻咽喉科《じびいんこうか》、歯医者も合わせると八カ所くらい病院に行っているのですが、たまたま自分でいい病院を見つけたとか、たまたま仕事でいい先生に出会えたとかで、うまいこと自分に合った診療が受けられています。ラッキーです。

病院って、病院どうしで連携《れんけい》してるもんだと思うでしょう？　違うんやで。「○○先生からはこう言われて、こういう薬もらってます」と自己申告《しんこく》してお薬手帳見せたり、職場で健康診断《しんだん》の結果が出たら、とりあえず定期的に整形外科二カ所と胃腸外科と皮膚科に持っていったりして、自分でコーディネートしています。ボクはたまたま、仕事で福祉《ふくし》の相談の仕事をしているから自分で調整できるけど、違う仕事だったらできないと思います。

◉もっと早く車いすに乗っていたら……

障害ってマイナスイメージが強いから、昔は歩けないよりは歩けたほうがいいということで、小《ち》っちゃいときから、がんばって歩かせるわけよ。でもそれが、大人になっていくにつれてどういう影響があるかということを、医療の専門家は考えてない。「歩けるだけ歩きなさい」と言って歩かせる。その影響でじつは、障害の進行や重度化していくスピードが速くなっていってます。

ボクはいま、移動はほぼ車いすだけど、九年くらい前まではずっと歩いてました。運動機能障害があるから、歩くときには首でバランスをとっているのね。そうすると、頚椎《けいつい》がすり減ったりずれていったりするから、そこから障害が出てくる。もっと早い段階で車いすに乗っていれば、ここまで重度化はしてなかったと思います。

◉骨折で二回も手術

脳性まひの理解がない医者は、検査も嫌《いや》がります。MRI〈＊2〉も、なかなか撮《と》ってくれへんの。普通はMRIのために麻酔《ますい》はしないけど、ボクは不随意《ふずいい》運動（自分の意思とは関係なく、身体が勝手に動いてしまうこと）があるから、麻酔を使う必要があります。でも麻酔はリスクがあるからということで、なかなかMRIを撮ってもらえません。

手を骨折したときも、局部麻酔で手術しようってことになったんだけど、「先生、ボク、脳性まひで不随意運動があるから、いくら手は麻酔効いてても身体が動くんで、手術やりにくいと思いますので、全身麻酔でいきませんか？」と聞いたら「あっ、そうやね」といって全身麻酔で手術になりました。

骨折は、二〇一一年、ちょうど東日本大震災《だいしんさい》の一カ月前の話ですが、東京へ会議に行っていました。当時はまだ車いすに乗らず歩いていて、滑《すべ》って転んで手をついたんよ。ビルの周りは御影石《みかげいし》が敷《し》かれていて、そこに転んだから、バチッて音がした。周りの人が振《ふ》り向《む》くくらいに。でも自分では折れたとは思ってなくて、腫《は》れてきたから喫茶店《きっさてん》で氷を袋《ふくろ》に入れてもらって冷やしてました。でも周りの人に言われて近くの病院に行ったら、骨折がわかって「手術しないと治りません」と言われた。それで西宮《にしのみや》に帰って、西宮の病院に行きました。そしたら即《そく》入院。折れた骨が中にグッとくいこんでいたらしいです。ボクは痛みに鈍感《どんかん》になってきてるんかもしれんな。

それで手術をしました。術後に二週間、チタンという鉄より硬《かた》い釘《くぎ》で骨が動かないように固定していたのですが、不随意運動で小刻みにずっと動いているから、二週間後に病院に見せに行ったら、その釘が手の中で折れていました。医者も、この釘が折れたのなんて見たことない。想定外だったのです。医者から「すみませんが、もう一回手術させてくれませんか？」と言われて、二回目の手術では、もっとガッチリ固定できるよう、釘を手の外に突《つ》き出《だ》して、それをさらにもう一本の釘で外から固定した。当時小六の娘《むすめ》はそれを見て、引いてたわ（苦笑）。その先生は有名な骨の専門医だったけど、それでもこうなんだから、脳性まひの人のことを総合的に診てくれる医者は、結局はおらへんということです。

ちなみに、たまに油断してその釘がコンッて壁《かべ》に当たったりすると、骨に直接響《ひび》くから、それは痛かったです。

◉見つかりにくい二次障害

それから五〜六年前の話です。手首の外側の、骨が出っ張ったところがずっと痛かったのです。レントゲン撮ってもわからんかったのですが、首のMRIを撮ったときにもう一回レントゲンで見てもらったら、月状骨《げつじょうこつ》という、手首の真ん中にある骨が壊死《えし》していました。後でわかったのは、これ、キーンベック病というらしいです。ステージ一から四まであって、基本的には手術で再生できるらしいです。ボクはステージ四でした。ボクの場合は、手術しても痛みが軽減できるかなというくらいです。しかも、ギブスで固定したりすると、体のバランスが崩《くず》れて筋緊張が強くなるので、いまのところは、手術はせずに、痛み止めを飲んでます。でも、どうしても痛みがひどくなってきたら、手術をしなければならないと言われています。

このキーンベック病は、職業病らしくて、スポーツ選手や大工さんなど、手をよく使う人がなるらしいです。なんでボクがこれになったんかな？って思って調べていくと、脳性まひの二次障害という情報が出てきました。つまり、無理して歩いているから、ようこける。こけると手をつく。それで九年前にも骨折したわけです。そういうふうに、こけて手をつくことが多いから、月状骨が壊死してしまう。こういう情報を、なかなか医者は知らんから「手首が痛い」と言って整形外科に行っても、なかなか見立てとしてキーンベック病というのが出てこない。レントゲン撮っても、痛みのある手首の外側ばかり見て、月状骨に気づかない。でも、月状骨が壊死していると、その分、負担のかかる手首の外側に痛みが出ます。

◉ボクにとってはこれが「普通」

こうやってみていくと、脳性まひって大変やなぁ（笑）。けど、まあボクにとってはそんなものです。骨折したところは、まだ中に一本、折れた釘が入ってるし、ちょっと手の形もおかしい。たぶんこのままで大丈夫《だいじょうぶ》だろうけど、万が一、それが浮《う》き出てきて痛くなってきたら、また手術して取ろうかということになっています。が、いまのところ何ともないから、たぶん大丈夫。動かんかったら動かんなりに、こんなものだと思って暮らしています。九年間この状態だから、前の状態がどんな感覚だったか忘れたわ。

ボクは生まれたときからこの身体ですから、これが普通です。身体能力が落ちていくのも痛みが出てくるのも、これがボクにとっての普通。みんな歳をとったら目が見えんようになったり、耳が聞こえんようになってきたりするように、ボクの場合は、痛みが出てくるとか、もっと歩きにくくなってくるとか、食事も食べにくくなってくる。それだけのこと。

ボクとしては、生まれてきたときも仮死状態だったし、阪神《はんしん》・淡路《あわじ》大震災では、ボクのいたアパートが潰れて、ほんまにもう少しで死ぬところだった（問12参照）。そういう経験をすると、この程度のことは大したことないんよ。

それに、ボクはインフルエンザには中学校以来、一度もかかってない。いちおう予防接種はしていいます。体調不良で講演中止になったことも、一度もありません。だから、けっこう、身体は強いんじゃないかなと勝手に思ってます（笑）。

問3 「障害がなかったら……」と思ったことはありますか？

統合失調症《とうごうしっちょうしょう》の当事者です。

自分に障害があることに、私はずっと引け目を感じていました。いまでは公表していますが、それまでは、障害を隠《かく》したいと思い、つらい気持ちを抱《かか》えてきました。

玉木さんは、ご自身の障害を受け入れて、積極的に発言されていますが、「障害がなかったらよかったのに……」という思いが頭をよぎったことは、いままでありませんか？


（Hさん／Oさん）

◉他人と比べられるのが嫌《いや》！

うーん……。ボクは小学校と中学校は普通《ふつう》学校に通ってたから、やっぱりいじめもあって、そのときくらいかな。

「なんでボク、いじめられるんかな」

「もっと普通に歩けたり、字が書けたり、障害がなかったら、いじめられることはなかったんやろな」

そんなふうに思ったことはありました。

いじめというのは、ボクの歩き方のまねをして笑ったり、転ばせたりするのです。中学に入ったらちょっと陰湿《いんしつ》になりました。昔「缶《かん》ペン」というペンケースがはやってたんやけど、暇《ひま》な子がわざわざ家から正露丸《せいろがん》を持ってきて、ボクが缶ペン開けたらその正露丸がびっしり敷《し》き詰《つ》められたりしてました。あとはトイレに入ったら、上から水が降《ふ》ってくるとかね。

そのときは「障害がなかったら……」と思ったけど、その一時期以外では、思ったことはありません。だって、ボクは生まれてきたときからこの身体です。ボクにとってはこれが普通です。それに、ボクは他人と比べられるのが、すごく嫌です。だって比べて何か変わりますか？　変わりようがありません。

逆に、ボクはあちこち講演でしゃべったりテレビに出たりして「玉木さんはいいね」とよく言われますが、それも嫌です。「じゃああなた、ボクの代わりにやる？　いつでも交代するよ」と思います。たしかにいい面もあるかもしれませんが、人には見せない、悪い面もたくさんあるわけです。それを表面だけ見て「いいね」と言われるのは、けっこうしんどいですよ。

「いいね」という言葉の裏には、「特別扱《あつか》いされてるね」という思いがあるわけですね。小学校のときも「玉木はええなあ」「楽やなあ」と一部から言われていました。だから、そういう言葉を聞くと、いまでもしんどくなることがあります。「なら代わったろか。あんた俺《おれ》の何をわかってんの?」と思ってました。だから比べるのはやめてほしいという思いは、ずーっとありました。いまもあります。

◉比べるなら「前の自分」と「いまの自分」

ボクの親は、わりと体裁《ていさい》にこだわる人でした。自分の親のことを言うのは申し訳ないと思うけど、差別もきつかった。

高校では養護学校〈＊3〉に通っていましたから、クラスメイトとボクを比べて「あの子は重度だから大変やな」とか、「あの子より（障害の程度が）マシや」という言い方をお母ちゃんがしていました。ボクはそれを言われるたびに、嫌な気持ちになりました。そんなこと、比べても仕方ないことです。

そして、それを言われれば言われるほど、「ボクも、あかん障害なんかな」という気がして、ほんまに嫌気《いやけ》がさしていました。自分の親に他人の子と比べられるって、子どもにとってはけっこうきついです。そんなふうにボクを見てるんかと思うと、悲しくなりました。たとえそれがプラスの比較《ひかく》でも、それは子どもを傷つけてると思います。

だからいま思えば、ボクも妻も、自分の子どもたちを誰《だれ》かと比べるということは、したことがありません。比べるとしたら、他人じゃなくて「前の自分」。だから、テストで前よりいい点数がとれたとか、前よりがんばったとか、そういうときにはよく、子どもたちをほめました。

◉「障害者は残念」なの？

ボクが小学校三年生くらいのときかな。家でテレビを見てたら、たまたまこんなニュースが流れてきました。

出産時の事故で、子どもが障害をもって生まれてきたことで母親が裁判に訴《うった》えて、勝訴《しょうそ》した。そして六〇〇〇万円くらいの賠償《ばいしょう》命令が出たというニュースでした。そのとき、うちのお母ちゃんがボソッと、「あんたもこれやったらお金もらえるけど、お金ほしいか？」とボクに聞いてきました。そんなこと息子《むすこ》に尋《たず》ねるお母ちゃんもどうかしてると思うけど（苦笑）。そのときボク、子どもながらに「いらんわ」と答えたことを覚えています。なんでそう言ったか、そのときの気持ちは忘れたけど。それでお母ちゃんも「ふーん」と言って、それでその話は終了《しゅうりょう》（笑）。

ボクは、脳性まひになったことがマイナスだとは、ぜんぜん思っていません。

二〇〇九年から始まった「産科医療補償制度《いりょうほしょう》」は、お産のときの事故で重度脳性まひ（身体障害者障害程度等級の一級、二級相当）の赤ちゃんが生まれた場合は、保険から三〇〇〇万円まで補償しますという制度です。その制度ができた背景には、産科には訴訟《そしょう》リスクがあるからということで、産科医になる医者が少なくなってきたことがあります。だから産科医を確保するために、「補償制度をつくったので、訴えんといてね」ということだと思います。

でも、なんで裁判になってると思う？

ボクは、そのときの医者の説明の仕方に問題があるのではないかと思います。お母さんに対して、「残念ながら、生まれてきたお子さんには障害があります」とか、ネガティブな言い方をしているのではないでしょうか。だからお母さんも余計悲しい気持ちになったり、受け入れられなかったりして、「なんでこんなことになったのか」といざこざになって裁判になるのではないでしょうか。

でもそのときに医者が、こんな説明の仕方だったらどうでしょう。

「こういう理由で仮死状態になって危なかったけど、処置をきちんと行った結果、赤ちゃんは息を吹《ふ》き返《かえ》しましたよ。お母さん、よかったね」

「ただちょっと手足が動かないとか、知的障害が出てくるかもしれないけど、それはボクら医者も含《ふく》めて、国や社会が全面的にバックアップしていくから、お母さん、自信もって育ててくださいね」

こんな説明だったら、受け止め方もぜんぜん違《ちが》うと思うよ。丁寧《ていねい》に説明をしていれば、おそらく裁判にはならないというのが、ボクの感覚です。違うかな？「申し上げにくいですが……」とか、「残念ですが」とか、ネガティブな言葉でお母さんに説明するから、問題になるのではないでしょうか。

ボクらは「残念ながら」の人？　違うでしょう。

だから、医療側の発想を根本的に変える必要があるというのが、ボクの意見です。そして、もっともっと出産までの過程で、医者や助産師、親が、命について真剣《しんけん》に考えて話し合っていくべきだと思います（問８参照）。

◉「障害者のことがわからない」のはなぜ？

ボクは今年で五二歳《さい》です。いままで生きてきて、確かに暮らしやすくなってきたことは事実やけど、本質的には変わってないこともたくさんあります。結局、障害があったらかわいそうで、障害はないほうがいいという考え方は、いまも昔も変わっていません。たしかに歩けないよりは歩けたほうがいいけど、でも、歩けないことが悪いことかというと、ボクはそんなことないと思います。歩けなかったら車いすに乗ったらいい。車いすでも、エレベーターやスロープがあったらどこでも行ける。そういうふうに周りが変わっていけば、別に歩けなくても大丈夫《だいじょうぶ》と思えるけど、周りが変わらないから、無理して身体に負担をかけてでもなんとか歩けるようにさせようとなるんよな（問2参照）。

それから、よく「身近に障害者がいないから、よくわかりません」という人がいるでしょう？　障害のある子は特別支援《しえん》学校や特別支援学級に行くほうが子どものためだといって、小さいころから障害者は分けられています。だからみんな「障害者のことを知らない、わからない」って言います。でも、小さいときから教室に一緒《いっしょ》にいれば、一緒に遊んだり勉強したりするなかで、自然にわかるようになるから、「こんなもんやな」と思える。子どものときにそばにいなかったら、大人になればなるほどもっと接点がなくなるから、結局、分離《ぶんり》されたまま生きていくことになります。

そんな社会で大きくなって、母親になったときに子どもに障害があり、医者からも「申し上げにくいですが……」などと言われたら、どうしていいかわからないと思います。

だから学校教育の段階から、障害のある子もない子もみんな一緒に過ごして、どうやったら一緒に学べるか、どうやったら一緒に学校生活を送れるか、考えて工夫《くふう》していくことが必要やし、社会全体から見たら、そのほうがてっとり早いと思います。

◉勇気をもって「困ってる」と言おう

最後にちょっといじめの話を補足すると、いじめられてたときはつらかったけど、いじめから守ってくれる子もおって、学校では孤立《こりつ》してはいませんでした。「やめたれや」と言ってくれたり、先生に「○○君が玉木君にこんなことしてた」と言いつけたり、守ってくれる子がいたから、その意味ではバランスが取れてたと思います。孤立してなかったというのは大きいですね。

それに、中学生になったらボクも反撃《はんげき》していました。いじめる子に上靴《うわぐつ》投げつけたり、下手《へた》したらいすを投げつけたり。そしたら先生も「何や、何や」となります。

それからいま考えると不思議なんですが、ボク、小学校では児童会長をしていました。中学では生徒会副会長。担任が「おまえ、立候補してみい」と言うから立候補して、そしたら通ってしまいました。小学校や中学校で、障害のある子が児童会や生徒会やるって、なかなかないでしょう。

いま、ボクは小学校や中学校にときどき講演に呼ばれますが、いじめられていて、誰からも守ってもらえなくて孤立してる子がいたら、それはつらいですよね……。いじめられてることを先生や親に言ったら、子どもはすぐ「大人にチクりやがって」となるけど、チクることって、ものすごく勇気のいることです。でも、困ってることを「困ってる」と言えることって、すごく大事ですよ。だから自信をもって言えばいいと思います。

学校へ行かないのも、何か困ってるから行かないわけで、周りの大人が「なんで学校へ行かないの？」とか「とりあえず学校来い」とかじゃなくて、「何に困ってるんや？」と言っていくことが、大人の役割だと思います。それができない大人がいるので困りますよね。

問4

「バリバラ」の裏話、教えてください。

玉木さんが出演されているNHK Eテレの「バリバラ」、楽しく見ています。「バリバラ」の苦労話や裏話を教えてください。私もテレビに出たいなあ。

（Aさん）

◉収録も大変……

あれ、けっこうしんどいです。ときどきやめたいって思うくらい（笑）。収録は基本的に土曜日ですが、朝一〇時にスタジオ入りして二回分の収録をします。その前に一本につき約一時間、計二時間の打ち合わせがあります。「バリバラ」も長年やってるといろんな回があって、ディレクターがテーマを絞《しぼ》りきれてないことがあると九〇分くらいの打ち合わせになることもあります。それでもまとまらないときは、録《と》りながらスタジオで考えていくことになり、けっこう大変ですよ。

最近はコロナ禍《か》の影響《えいきょう》で、リモート出演になってきてますが、それはそれで、また苦労もあります。スタジオに行かなくていいという点は楽になったけど、場の空気や出演者たちの息遣《いきづか》いを感じ取りにくい。スタジオとやりとりするにも、合いの手を入れたり、コメントを挟《はさ》んだりするのがむずかしいから、なるべく早くリモートは終わって、通常の収録に戻《もど》ってほしいと思っています。

◉「バラエティー」とは多様性のこと

「バリバラ」は二〇一二年にスタートしました。当初は「障害者のための情報バラエティー『バリバラ』」といっていたのですが、リニューアルして二〇一六年からは、障害のある人にかぎらず「『生きづらさを抱《かか》えるすべてのマイノリティー』にとっての〝バリア〟をなくす」を掲《かか》げて、「みんなのためのバリアフリー・バラエティー『バリバラ』」へと進化していきました。

だから最近は、制服についてとか、薬物依存《いそん》や部落差別など、障害とは直接関係ないテーマもやりはじめました。生きづらさや暮らしづらさというのは、障害だけから生まれるものではなく、いろんな社会的環境《かんきょう》のなかで生まれてくるものですからね。

たとえば「男は男らしく、女は女らしく」とかね。ボクはよく泣きます。ドラマとか見てたら号泣《ごうきゅう》するから、自分の部屋へ行って、こそっと見る。ところがね、うちの子どもたちは泣くタイミングがわかっているから、ボクの部屋へのぞきに来るのです。それで「ああ、やっぱし泣いてるわ」言うて帰っていきます。「ほっといてくれよ」と思うんですけどね。昔は「男はがまん」とかいわれてたけど、いろんな人がいることをみんなで認めていく。それが多様性のある社会、誰《だれ》もが暮らせる社会だと思うから、それを目指して「バリバラ」をつくっています。

だからたまに「○○障害のことはあんまりやらないんですね」などと言われることもあるのですが、障害種別を紹介《しょうかい》する番組ではありません。それからもう一つ誤解があって、「バリバラ」が始まったころはよく「障害者を笑いものにするな」と言われることもありました。バラエティーというと、お笑いとかコントとか、そういうイメージが強いけど、たとえばお菓子《かし》のバラエティーパックってあるでしょう。あれはおもろいお菓子ってわけじゃなくて、いろんなお菓子が入ってるセットということです。バラエティーという言葉を辞書で引くと「変化があること。多様性」と書かれています。

◉障害者ががんばる姿に「感動」？

障害者のテレビ番組というと、日本テレビの「24時間テレビ」があります。よく「24時間テレビの裏でバリバラが……」と言われますが、どっちが裏か表かというと、こっちが表だと思ってますからね。向こうは一年に一回だけやけど、こっちは毎週、誰も見てないけどやってるわけで(笑)。で、その「24時間テレビ」は、ボクが小学生のときに第一回が始まりました。二四時間ずっと障害者やお年寄りのことを放送していて、当時は画期的な番組だったと思います。ボク自身も障害のある人がこんなにいるということがわかったし、それが社会化していったということはすごい功績があると思います。

ただ、障害者はみんながんばってるとか、かわいそうな人だというイメージを植え付けたのもあの番組ではなかったかと思います。見ていてキツいなあと思うのは、障害のある人のチャレンジ企画《きかく》です。足の不自由な人が山に登る。それを見ている芸能人が感動して涙《なみだ》する。これ、気持ち悪くないですか? かわいそうな人ががんばってる姿を見ることが感動なのでしょうか。

オーストラリアのジャーナリストであり人権活動家であるステラ・ヤングさんは、こうしたイメージを「感動ポルノ」と名付けました。

昔はボクも講演でしゃべると、「玉木さん、言葉が不自由なのに、汗《あせ》をかきながら一生《いっしょう》懸命《けんめい》話してくれて感動しました」という感想文が来たりしました。でもボクは、力の加減ができないから「今日はちょっと手を抜《ぬ》いとこか」と思っても、声のトーンは一緒《いっしょ》です。しゃべればしゃべるほど、汗は勝手に出てきます。それを「一生懸命」と言われても、逆にこっちが申し訳ない。でもそれは、「これがボクの普通《ふつう》です」と話をすれば「ああそうなのね」で終わる話です。こういうすり合わせや確認《かくにん》をしていくことが大事なのだと思います。そうやってお互《たが》いのことを知っていって、一緒に笑ったり怒《おこ》ったり考えたりするなかで生まれるのが感動なのではないでしょうか。

◉障害者権利条約と報道機関のあり方

ちょっとむずかしい話をすると、国連の障害者権利条約というのがあります。二〇〇六年に国連で採択《さいたく》され、日本政府は二〇一四年に批准《ひじゅん》しました。この第八条「意識の向上」に、すごく大事なことが書いてあります。

障害者権利条約　第八条　意識の向上

1　締約国《ていやくこく》は、次のことのための即時《そくじ》の、効果的なかつ適当な措置《そち》をとることを約束する。

(a)　障害者に関する社会全体（各家庭を含《ふく》む。）の意識を向上させ、並びに障害者の権利及《およ》び尊厳に対する尊重を育成すること。

(b)　あらゆる活動分野における障害者に関する定型化された観念、偏見《へんけん》及び有害な慣行（性及び年齢《ねんれい》に基《もと》づくものを含む。）と戦うこと。
（c）障害者の能力及び貢献《こうけん》に関する意識を向上させること。
2　このため、1の措置には、次のことを含む。
（a）次のことのための効果的な公衆の意識の啓発《けいはつ》活動を開始し、及び維持《いじ》すること。
（ⅰ）障害者の権利に対する理解を育てること。

（ⅱ）障害者に対する肯定的認識《こうていてきにんしき》及び一層の社会の啓発を促進《そくしん》すること。

（ⅲ）障害者の技能、長所及び能力並びに職場及び労働市場に対する障害者の貢献についての認識を促進すること。
（b）教育制度の全《すべ》ての段階（幼年期からの全ての児童に対する教育制度を含む。）において、障害者の権利を尊重する態度を育成すること。
（c）全ての報道機関が、この条約の目的に適合するように障害者を描写《びょうしゃ》するよう奨励《しょうれい》すること。
（d）障害者及びその権利に関する啓発のための研修計画を促進すること。
（傍線《ぼうせん》引用者）

ひとことでいうと、国は、子どもから大人まで、障害者に対する正しい理解を進めていくために、いろんな方法で、障害者の権利や尊厳を育てていく責任があるということです。「障害者に関する社会全体（各家庭を含む。）の意識を向上させ」と書いてあるでしょう。いまの学校では、人権教育や福祉《ふくし》学習はボクらのころに比べたらずいぶん進んでいます。でもせっかく学校で学んできても、家に帰ったらお父さんやお母さんが日常会話のなかで「あそこの子は障害があってかわいそうやな」とか、下手したら「あんたは障害なくてよかったね」などと言ったりします。すると学習したことが台無しになってしまいます。世の中は時代とともに変わってきてるわけですから、大人になっても、ボクら自身も意識をアップデートしていく必要があると思います。

それから「障害者の能力及び貢献に関する意識を向上させること」。これがしっかりできていたら、極論かもしれませんが相模原市《さがみはらし》の殺傷事件（問6参照）は起きてないとボクは思います。

そして、「全ての報道機関が、この条約の目的に適合するように障害者を描写するよう奨励する」とありますね。偏《かたよ》った伝え方ではダメだということです。

だから「バリバラ」では、とてもむずかしいことから、わりとどうでもええことまで、いろいろやります。この振《ふ》れ幅《はば》がボクは大事だと思っています。「最近の『バリバラ』はおかしいいんちゃうか」という批判も多々あります。まあ批判は受け止めるけど、それなら毎回見てほしいです。振れ幅のある番組づくりをしてるし、ボクだっていろんな板挟《いたばさ》みのなかでしんどいこともあります。

……って、愚痴《ぐち》になってしまったけど、「バリバラ」だけでなく、他の番組でも、新聞や雑誌でも、そういうことをきちんとやっていくべきということを、みなさん覚えておいてください。

だって、障害者のことをマスコミが取り上げると、いまでも「障害を乗り越《のこ》えて」などと書かれてるでしょう。あれ見るたびにボクは、「何を乗り越えるんやろ。跳び箱《とばこ》でも出てくるんかな」と探すのですが（笑）、乗り越えるべきなのは、社会のほうでしょう。社会のほうが意識を変えていく必要があるわけです。だからメディアが果たす役割はとても大きい。ボクもしんどいし愚痴も言うけど、まだまだ「バリバラ」で伝えていくべきと思っています。

最後に、「私もテレビに出たい」とか「どうしたらテレビに出られますか？」とよく聞かれますが、「バリバラ」では、出演者を「人」で選んでいるわけじゃなくて、「テーマ」に応じて検討しています。だから、「私はこういうテーマで、こういうことを話したい」というところを具体的に考えてほしいです。と言っても、出られる保証は、ありませんが（笑）。

問5　「障害者がうらやましい」と思ってしまう……

アラフォーの会社員です。パワハラと残業三昧《ざんまい》の日々に疲《つか》れ切《き》っています。そんなとき、駅員にヘルプしてもらいながら車いすで電車に乗ってくる障害者を見ると、正直うらやましいと思ってしまいます。

（Mさん）

◉あんまり知られてないけれど……

ほんならMさん、ボクの膝《ひざ》の上に座《すわ》ってみる？　Mさんは電車に乗っててなか痛くなってもすぐ降りられるけど、ボクは車いすだから、途中《とちゅう》の駅で駅員さんが待機してないと降りるのは無理です。電車でちょっとちびってもええかな？（笑）

これは冗談《じょうだん》やけど、その障害者の立場に立ってないから、そういうふうに思うんですよね。けど、交通事故に遭《あ》って動けないようになったらわかると思います。

あんまり人目につかんだけで、乗り物に乗るのも、けっこういろんな苦労があります。

あそどっぐという寝《ね》たきり芸人の友人が飛行機に乗ろうとすると、九席分使ってストレッチャーを設置する必要があるので、追加料金がかかります。実際に九席分使ってるから仕方ないという意見もありますが、満席のなかで九席使うならまだしも、ほかに空席がたくさんあってガラガラの状況《じょうきょう》なら、また話が違《ちが》います。そもそも、ぜいたくして席を取ってるわけじゃなくて、そうしないと乗れないのに、どうして毎回追加料金を払《はら》う必要があるのでしょうか。

こういうことはたくさんあります。

ボクも、この間、内閣府障害者政策委員会に出席した後、首相官邸《しゅしょうかんてい》前でタクシーを拾おうとしたら、三〇分もかかりました。「UDタクシー」という、通常のタクシーよりも大型で、障害者や高齢者《こうれいしゃ》、妊婦《にんぷ》さん、荷物の多い人も乗りやすい「ユニバーサルデザイン〈＊4〉」のタクシーが都市部を中心に増えてきていますが、そのときも、流しの「JPN TAXI（ジャパンタクシー／UDタクシーの一つ）」が目の前をけっこう走っていました。それでも、タクシーをつかまえるまでに三〇分もかかりました。露骨《ろこつ》な運転手は、ボクと目が合った瞬間《しゅんかん》に回送ボタンを押《お》していました。その様子を、そばで警備中のおまわりさんも見てくれていて、「こんなもんなんですか？」とあきれていました。官邸前でさえ、こうなんです。

このUDタクシーの普及《ふきゅう》のために、国や自治体から補助金が出ています。国からは一台導入するにあたり最大六〇万円、それに加えて自治体からも補助金が出る場合もあります。

それなのに、実際には乗車拒否《きょひ》があるというのは、すごく問題ですよね。運転手に、そういう車に乗っているという自覚がない人がいます。何のためのUDタクシーかという認《にん》識《しき》がないから、めんどくさいからって乗車拒否をするわけです〈＊5〉。

電車に乗るときでも、大阪駅みたいな大きな駅でも、人手が足りんかったら、駅についてから三〇分くらい待たされることもあります。電車は何本も走ってるのに、「もうすぐ係員が来ますので待ってください」と。西宮《にしのみや》駅から大阪駅までJRの快速で一二分。ところが大阪駅で乗り換えて電車に乗るまでに、場合によっては三〇分くらいかかります。

地方では、「無人駅は車いすでは乗り降りできません」といまでも言われることがありますが、車いすの人がいたら、無人駅には、途中の有人駅から駅員が乗ってきたらいいと思います。やはりまだ、障害者は特別で、めんどくさい存在ってことになっているのでしょう。

こういうことはあんまり知られていませんが、ボクらがどれだけ気持ちと時間に余裕《よゆう》をもって出かける必要があるのか、ちょっと考えてみてほしいです。

◉もっと構造的に見てみよう

世の中、人手不足だとかみんな苦しいとかいわれて、Mさんみたいに障害者や生活保護を受けてる人を「うらやましい」とか「特別に国に守ってもらえてる」みたいに言う人もいますが、ボクからすれば、うまいこと使われてるなあって思ってしまいます。「みんな大変なんやから社会保障費はなるべく抑《おさ》えよう」という方向にもっていくことに、知らないうちに加担してるのではないでしょうか。

OECD（経済協力開発機構）加盟国のなかで、障害者関係の公的支出がその国の対GDP比率でどのくらいかというのを比較《ひかく》したデータがありますが、日本はずっと低いです。三五カ国中三〇位（二〇一五～二〇一七年）です。ちなみに教育に関する予算は、初等教育から高等教育までで最下位（二〇一五～一六年）です。

障害福祉《ふくし》のために使われる国家予算は、全体のたった二％。今年度（二〇二〇年度）は約一〇二兆円の予算のうちの約二・一兆円。昨年（二〇一九年）の参院選で、れいわ新選組から重度障害者の木村英子さんとALS（筋萎縮性側索硬化症《きんいしゅくせいそくさくこうかしょう》）患者《かんじゃ》の舩後靖彦《ふなごやすひこ》さんが当選して、重度訪問介護《かいご》が就労中は使えないことが話題になりましたが、これもずっと前から、「働くときも介助者《かいじょしゃ》が使えるように」とボクらは言いつづけてきました。だって当たり前のことでしょう。そうすることで働ける障害者はたくさんいます。これも障害保健福祉関係の予算を、倍にしたらできる話だとボクは思います。倍にしたって、全体の四％です。それだけの話を、誰《だれ》かが国会議員になるまで論議にもならなかったというのは、残念な話だと思います。

それから、特例子会社といって、大企業が障害者の雇用率《こようりつ》を上げるために、障害者だけを雇《やと》う下請《したう》け会社をつくっていいことになっています。そこは基本的に、障害のない本社の社員を出向させて、障害者を雇って、本体の会社の掃除《そうじ》とか植木の手入れとか郵便の振《ふ》り分《わ》けをさせています。だから本体の会社が雇ってなくても、それで法定雇用率〈＊6〉は達成するよというかたちを国が認めているのですが、おかしいと思いませんか？　障害がある人もない人も、いろんな人が雇用されている環境《かんきょう》で、一人ひとりの特性に応じて「この人はどんな働き方をすればいいか」ということを、本来考えていくべきだとボクは思います。

だから質問者のMさんも、だまされたらダメです。もっと構造的にみることが大事ですよ。

◉自分自身を受容できているか

ただ、「あんたはええなあ」というのは、じつは障害当事者の間でもよく言われることでもあるのです。「見える障害・見えない障害」という発想をする人がいて、講演のときに「玉木さんは見える障害だからいいですね」と言われることがあるのですが、ボクはちょっとうんざりしてしまいます。たしかに車いすに乗っていたり言語に障害があるから、「歩けないんだなあ」とか「しゃべりにくそうやな」というのは伝わるけど、でもボクの本当の生きづらさとか生活のしづらさは、そんな簡単にわかりっこないですよね。

そういうことを言う人の気持ちは、結局「自分のことをもっとわかってほしい」ということでしょう。Mさんだって、「パワハラと残業三昧で自分はしんどいことをわかってほしい」ということでしょう。でもそれは、言わないと伝わらない。ずっと受け身のまま、「ボクのことわかって」と言っても無理でしょう。何も変わりません。

言い方は大事だと思います。「私はこんなにかわいそうだから助けてください」と言うのと、「私、こういうことはできるけど、こういうところはちょっと手伝ってほしいからお願いね」と言うのとでは、ぜんぜん違います。パワハラや残業の問題にしても、労働基準監督署《かんとくしょ》とか労働組合に言っていくとか、それでも動かなかったらメディアに訴《うった》えるとか、そういう作戦は必要です。そういう、言い方・伝え方をみんなで考えていくのがいいと思います。

この問題を突《つ》き詰《つ》めていくと、障害の受容、自分自身の受容という問題につながっていきます。自分で自分のことをどれだけ受け止められているか、自分の障害を自分が理解できているかということにいきつきますね。周りにわかってもらえないと言っているのは、じつは自分でわかってないということです。周りにわかってもらって、じゃあどうしたいのか。本当はそこが大事だと思います。

2　みんなの命について考えてみよう

問6　相模原《さがみはら》事件、どう思いますか?

二〇一六年、神奈川県相模原市の障害者施設《しせつ》「津久井《つくい》やまゆり園」で、入所者一九人が殺害され、二六人が重軽傷を負った事件がありました。この事件について、玉木さんがどう考えるか、お聞きしたいです。

(Sさん)

◉胸が張《は》り裂《さ》けそうな恐怖《きょうふ》と悲しみ

二〇一六年七月二六日の朝、目を覚ましてテレビをつけると、パトカーや救急車がたくさん集結している光景が目に飛びこんできました。寝起《ねお》きだったから、何が起こったのか、すぐにはわからなかったけど、意識が覚醒《かくせい》するにつれて、恐怖と悲しみがこみ上げてきました。障害者施設の津久井やまゆり園で入所者が次々と刺《さ》され、一九人が死亡、二六人が重軽傷を負うという、ほんまに胸が張り裂けそうな、ひどい事件でした。

しかも犯人とされる植松聖《さとし》・現死刑囚《しけいしゅう》は、その施設の元職員。「障害者はいなくなればいい」という彼《かれ》の犯行動機を、メディアは節操《せっそう》なく、繰《く》り返《かえ》し流しつづけていました。この言葉を聞くことで、ボク自身もほんまに苦しかった。日本中の障害のある人たちが、どんな気持ちでこの言葉を聞いているのだろうと想像すると、さらにつらかったです。

皮肉《ひにく》にも、この事件が起きたのは、同年四月に障害者差別解消法（問1参照）が施行《しこう》された矢先のことでした。

◉背景を掘《ほ》り下げなかった判決

この事件の裁判では、今年（二〇二〇年）の三月に横浜地裁で死刑判決が出され、確定しました。この裁判が始まってからは、関連報道も増えたけど、じつはそのちょっと前まで、事件のことは早くも世間からどんどん忘れられようとしていました。中高生向けの講演でも「やまゆり園というところで多くの障害者が殺された事件があったけど、覚えてる人？」と聞いても、ほとんど手が挙がらないこともありました。

横浜地裁で出された判決は、事件の重みを受け止め、しっかり掘り下げたものとはボクには思えません。「現行法に則《のっと》って、大量殺人だから死刑」という表面的な判断に終わってしまったと思います。

報道で見るかぎり、植松君自身から語られる言葉は、結局、事件当初から変化がなく、裁判所も彼の本心を聞き出すことができていない。NPO法人抱樸《ほうぼく》の奥田知志《おくだともし》理事長が彼と接見《せっけん》したとき、「役に立たない人は死ねと言いたいのか。あなたはどうだったのか」と尋《たず》ねると、植松君は「あまり役に立たない人間でした」と答えたといいます。そうした本質的なやりとりができていないまま裁判が終わってしまったことが、ボクは悔《くや》しくて仕方ない。

彼が強烈《きょうれつ》な優生思想のもち主となり、犯行に至った背景には、何があったのか。やまゆり園はどのような環境《かんきょう》だったのか。それらはほとんど解明されていません。

◉優生思想とは

優生思想とは、優《すぐ》れた人と劣《おと》った人というふうに人間を分けて評価し、優れた遺伝子を保護して残し、劣った遺伝子を排除《はいじょ》しようとする、きわめて差別的で危険な考え方ですが、二〇世紀初頭には、この優生思想が世界中を席巻《せっけん》していました。

ナチス・ドイツといえば、ユダヤ人へのホロコースト（大虐殺《だいぎゃくさつ》）を思いうかべる人が多いと思いますが、じつはその前に、障害者たちを強制的に殺させていたことは、残念ながらあまり知られていないかもしれません。「T4作戦」といいますが、ボクも大人になってから知りました。障害のある人たちは、国家の役に立たないとされ、ヒトラーの命令により、抹殺《まっさつ》されていたのです。その数は、ドイツ国内だけでも二〇万人に及《およ》ぶといわれています。

二〇一〇年一一月に、ドイツ精神医学精神療法《りょうほう》神経学会は年次総会のなかで、殺された犠牲者をしのぶ追悼式典を開催し、その冒頭《ぼうとう》、学会会長が次のように述べました。

「われわれ精神科医は、ナチの時代に人間を侮辱《ぶじょく》し、自分たちに信頼《しんらい》を寄せてきた患者《かんじゃ》を裏切り、だまし、家族を誘導《ゆうどう》し、患者を強制断種し、死に至らしめ、自らも殺しました。（中略）われわれの歴史のこの部分と率直《そっちょく》に向き合うまでに、どうしてこんなに長い時間がかかったのでしょうか？（中略）一九四五年の大戦後も一度として犠牲者《ぎせいしゃ》の側に立ったことがなかったのです。さらに悪いことには、彼らが受けた新たな差別や不正にも関与《かんよ》しました」と、はじめて医者が、過去に遡《さかのぼ》って反省と謝罪を行ったのです。

日本でも、この優生思想が軸《じく》となって、戦前には国民優生法、戦後には優生保護法ができ、多くの障害者が不妊《ふにん》手術や人工妊娠《にんしん》中絶を強制され、子どもを産めないようにされました〈＊7〉。「不幸な子どもは生まれないほうがいい」と、勝手に決めつけられていた（問8参照）。この優生保護法は、一九九六年の法改正で母体保護法となり、優生思想はなくなったといわれているけれど、じつはボクは「本当にそうなんかな？」と、疑問に思うんです。さらに日本では、医学界がドイツのように正式な反省や謝罪をしたということは耳にしていないのです。

ボクは、人の命を比べて、優れているとか劣っているとか評価することって、いまでもけっこうよく行われているような気がします。でも命っていうのは本来、そもそも比べられないものだし、比べてはいけないものです。それなのに、命を比べること、そして比べた結果「生きる価値がある命」と「生きる価値がない命」があるかのように見なしてレッテルを貼《は》ること、この二点が優生思想の本質ではないかと、ボクは思っています。

そう考えると、いまでも優生思想的な発想は社会に根強く残っているし、植松君の考え方はまさにナチス・ドイツの「T4作戦」とそっくりです。だからこそ、おぞましい歴史を繰り返さないために、しっかり彼の背景を掘り下げてほしかったと思うんです。ちなみに植松君は、収監《しゅうかん》されていろいろな人と接見するまで、「T4作戦」のことは知らなかったみたいですけど。

◉生きていて仕方のない人なんていない！

ところで、やまゆり園では、要件を満たさない身体拘束《こうそく》や、長時間の居室施錠《せじょう》など、長期にわたる「虐待《ぎゃくたい》」が行われていた疑いがあるとの報告がありますが〈＊8〉、こうしたことをうやむやにしたら絶対アカンと思います。神奈川県にかぎらず、障害者施設でどれだけ人権が守られているのか。二度とこんなひどい事件を起こさないためにも、日常の支援《しえん》内容や生活環境などからしっかり見ていく必要があるのです。

だから、植松君だけにフォーカスするような報道は、間違いだと思います。彼一人を突《とっ》拍子《ぴょうし》もない悪者としてたたいて、死刑判決が確定したらもう終わり。それでは何の解決にもなりません。

この社会には、彼以外にも、同じように思ってる人はたくさんいます。ボクはそんなふうに感じます。だから街なかを歩くのも、ちょっと怖《こわ》いです。自分で手は下さないけど、本音では植松君に共感するという人はたくさんいます。それがリアルでしょう。ところがどのメディアも、植松君の一点突破《とっぱ》ばかり。そんなふうに彼を「神格化」すべきではないとボクは思います。

どうして彼はわざわざ衆議院議長宛《あて》に手紙〈＊9〉を出したのか。首相《しゅしょう》に伝えてほしいと書いたのか。それは、「あなたたちもそう思ってるよね？」「賛同してくれるよね？」というメッセージでしょう?

彼の主張がメディアを通して繰り返し報道され、恐怖感が募《つの》るなかで、ボクは「バリバラ」のディレクターに電話して、その週末に急遽《きゅうきょ》番組を収録しました。すぐに「バリバラ」で反応したいと思いました。それが、同年八月七日に放送された「緊急企画《きんきゅうきかく》　障害者殺傷事件を考える」でした。

番組には、五〇〇通を超《こ》えるメッセージが寄せられ、「植松の気持ちに共感できる」という意見も少なくなかった。それは、障害のある人、ない人、どちらのなかにもありました。みんな、コストのことをいいます。「障害者が生きていくためにはお金がかかる。それはムダなお金じゃないか」という。

それは、突《つ》き詰《つ》めて考えていくと、みんな不安だということじゃないかな。障害のない人も、「いつか自分も切り捨てられるかもしれない」という不安を抱《かか》えています。だから「生産性」を引き合いに出して、自分より立場の弱い人をたたく。でも、それってボクはだまされてると思います。そうやって、役に立つかどうかで命の価値を判断して、足を引っ張り合っていても、暮らしやすい社会にはならないでしょう。だからボクはこの日の「バリバラ」で、あらためて「生きてて仕方がない人なんて一人もおらへん。みんなでちゃんと生きていこう。みんなで助け合いながら生きていこう」というメッセージを伝えました。

◉障害者は施設じゃないと暮らせない？

それから、みんなこの事件を見て、疑問に思わんかったかな？　なんで重度の障害者は同じ場所の、同じような部屋の中に住まないといけないのか。それとも、それが当たり前のことだと思ってるかな？

ボクは大学卒業後、知的障害者の通所施設で一年間働いた後、「メインストリーム協会」という自立生活センターで自立生活支援、簡単にいうと、どんな障害があったとしても、入所施設や病院から出て、地域で一人暮らしを応援《おうえん》する仕事などを二〇年ほどやって、その後、西宮市《にしのみやし》の社会福祉《ふくし》協議会に転職しました。所属は、「障害者総合相談支援センターにしのみやセンター長」とか「相談支援事業課相談総務係長」とか「地域生活支援課地域福祉権利擁護《ようご》係長」とかいろいろと。何するところか、ぜんぜんわからへんよね（笑）。今年（二〇二〇年）の三月末で職員としてはいったん退職し、四月からはフリーランスのアドバイザー的な立場で社会福祉協議会には関《かか》わっています。

ボクは、障害者が施設から出たり親元から独立して地域で暮らしていくための相談支援の仕事をずっとしてきました。西宮市では、二〇一六年からしっかり予算を組んで、「精神障害者地域移行推進事業」というのを始めました。「地域移行支援」というのもありますが、それは当事者が自分で「退院したいです」と言えば使える制度です。でも、なかなか「退院したい」と言えない人もたくさんいます。そういう人たちに、相談員や行政が出向いていって聞き取りをして、「こんな暮らしができますよ」とか「こんな制度がありますよ」という説明をしたり、体験をしてもらったりします。そういうなかで「出てみようかな」と本人が言ったら、地域移行支援事業につなげていく。そういう画期的な仕組みを、西宮市がつくりました。本当は、精神障害者だけではなく、他の障害者も施設や病院から「出たいなぁ」と思ってもらえる仕組みが必要なんやけどね。

この、誰《だれ》とどんな暮らしをしたいかということを、きっちりと確認《かくにん》していくのがボクの仕事でした。会議には、必ず本人に入ってもらって、「福祉サービス等利用計画」も西宮市独自の書式をつくった。徹底《てってい》して、本人に「どう思ってるんか」というのを聞いていきます。支援者や家族には、「本人はどう思ってるんでしょう」と聞いていく。これが西宮市の「本人中心支援計画」です。

病院や施設に長年いる人のなかには、「どうせ自分はここでしか生きていかれへん」と諦《あきら》めてる人もおるし、「うちの子には施設しかありません」という親御《おやご》さんもたくさんいます。でも、「病院や施設でしか暮らせない人」なんて、ボクは知りません。どんな人でも、アパートを借りて地域で生きていけるし、そういう社会を目指すべきだと思います。そのために、いろんな自立生活プログラムがあったり、日常生活や社会生活を送るために欠かせないヘルパー制度があります。二〇一六年から、知的障害の人も精神障害の人も重度訪問介護《かいご》〈＊10〉が使えるようになって、少しずつ、一人ひとりの暮らしができるようになってきたという実感があります。

支援者の側も「この人は障害が重いから一人暮らしは無理でしょう」とか、「この人は発語がむずかしいから、困ったときに困ったと言えない」とか、そういう意識を変革していく必要があります。本人中心の支援がきっちりできる相談支援専門員が全国で増えていくことが大事です。最初から本当の意思決定（自分が決めたり、選んだりできること）や選《せん》択《たく》のできる人は、なかなかいません。それができるように、お手伝いすること。いままで、意思決定というのを省きすぎてきたんやないかと、ボクは思っています。

◉いろんな体験をするなかで「意思」は生まれる

昨年（二〇一九年）七月、相模原事件から三年ということで、事件の被害者《ひがいしゃ》の一人、尾《お》野《の》一矢《かずや》さんを「バリバラ」で取材しました。一矢さんは重い知的障害と自閉症《じへいしょう》、てんかんをもっていて、お父さんは最初は「うちの子は施設でしか生活できない」と言っていたのですが、重度訪問介護のこととか、いろんな情報が入ってくるなかで、「一人暮らしもできるんじゃないか」というふうに変わりはじめました。それで一人暮らしに向けていろんな取り組みが始まって、ある日一矢さんは、ガイドヘルパーを使ってファミリーレストランに行きました。一矢さんはそこでハンバーグを頼《たの》んだのですが、スタッフがポテトを頼んだらそれをおいしそうに食べました。「これうまいなあ」という表情で、ハンバーグが来ても食べずに、ポテトをガンガン食べていた。通常は、ここで人のものを食べているということで、ポテトを食べ続けたら、食べることを止めようとすることが多いのですが、そこは仲間内。経験を増やしてもらうということで食べることを止めなかったんですね。

ここなんです、意思決定というのは。いままでハンバーグが好きだったけど、ポテトを食べてみたらこっちのほうがうまい。そうやっていろんな経験を積んでいくなかで、これは好きとか嫌《きら》いとか「こういう暮らしがしたい」ということが自分でもわかってくるようになる。この繰り返しが「意思決定支援」だと思います。

福祉とか支援とかの看板を背負《せお》ってやってると、食事はどうする、洗濯《せんたく》はどうする、お金の管理はどうするなどと、むずかしいことを「どうする、どうする」と突《つ》きつけていって、本人を萎縮《いしゅく》させてしまいがちです。そんな状況《じょうきょう》で地域移行といっても、できるわけがありません。何かしたいと思える瞬間《しゅんかん》、やれると思える瞬間、そういうことをたくさん体験してもらうしかないのです。

その一矢さん、最近の報道によると、なんと一人暮らしを始めたみたいですよ。

◉誰とどこで暮らすか、自分で決める

ところが腹立ったのは、相模原事件の後、福祉業界では何をしたかというと、防犯カメラを増やしたり、セキュリティを強化したり、いまある施設の中での安全管理をどうするかという議論ばかりやって、結局、地域で暮らすことができるということの発信にはならなかった。

しかし、これを機会に、本来の暮らしとは何か、人が人として生きていく暮らしというのはどういうことなのかということを、メディアも含《ふく》めてみんなで一緒《いっしょ》に考えていくべきとボクは思います。

やまゆり園は、施設を分散して小規模化するという再建計画が神奈川県から出されています。そして県は、「新たな生活の場」を決める際の意思決定支援を行っています。その一環《いっかん》として、小規模施設やグループホームでの生活を体験してもらっているそうです。一般的《いっぱんてき》に地域移行というと、グループホームが終着点のようなイメージがまだ強い。ボクはグループホームを全否定はしないけど、じゃあ「今日からボクと暮らそうか」と言ったら、

みんな嫌《いや》でしょう（笑）。大規模施設よりは小規模のほうがマシでしょうという地域生活移行だとしたら、ボクは気持ち悪い。やはりボクはフルインクルージョン、完全な、共に生きていくことができる社会を一貫《いっかん》して求めていきたいのです。

障害者権利条約（問4参照）の一九条には、こう書いてあります。

障害者権利条約　第一九条　自立した生活及び地域社会への包容

この条約の締約国《ていやくこく》は、全《すべ》ての障害者が他の者と平等の選択の機会をもって地域社会で生活する平等の権利を有することを認めるものとし、障害者が、この権利を完全に享受《きょうじゅ》し、並びに地域社会に完全に包容され、及び参加することを容易にするための効果的かつ適当な措置《そち》をとる。この措置には、次のことを確保することによるものを含む。

（a）障害者が、他の者との平等を基礎《きそ》として、居住地を選択し、及びどこで誰と生活するかを選択する機会を有すること並びに特定の生活施設で生活する義務を負わないこと。

（b）地域社会における生活及び地域社会への包容を支援し、並びに地域社会からの孤立《こりつ》及び隔離《かくり》を防止するために必要な在宅サービス、居住サービスその他の地域社会支援サービス（個別の支援を含む。）を障害者が利用する機会を有すること。
（c）一般《いっぱん》住民向けの地域社会サービス及び施設が、障害者にとって他の者との平等を基礎として利用可能であり、かつ、障害者のニーズに対応していること。
（傍線《ぼうせん》引用者）

（a）を見てください。「障害者が、他の者との平等を基礎として、居住地を選択し、及びどこで誰と生活するかを選択する機会を有すること並びに特定の生活施設で生活する義務を負わないこと」。つまり、「誰とどこで生活するか自分で決めていいよ、施設で生活する義務はないよ」ということです。そして「他の者との平等を基礎として」というところの「他の者」とは、障害のない人のことだと思います。ちなみにこの「他の者との平等を基礎として」という表現は、この条約のなかに三二回も出てきます。それくらい、とても重要だということです。

ところがこれが、日本の法律に落としこむと、「可能な限り」という留保がついてしまいます。障害者基本法は、一九七〇年にできて二〇一一年に大きな改正があったのですが、こう書いてあります。

障害者基本法　第三条（地域社会における共生等）

第一条に規定する社会の実現は、全ての障害者が、障害者でない者と等しく、基本的人権を享有《きょうゆう》する個人としてその尊厳が重んぜられ、その尊厳にふさわしい生活を保障される権利を有することを前提としつつ、次に掲《かか》げる事項《じこう》を旨《むね》として図《はか》られなければならない。

一　全て障害者は、社会を構成する一員として社会、経済、文化その他あらゆる分野の活動に参加する機会が確保されること。

二　全て障害者は、可能な限り、どこで誰と生活するかについての選択の機会が確保され、地域社会において他の人々と共生することを妨《さまた》げられないこと。

三　全て障害者は、可能な限り、言語（手話を含む。）その他の意思疎通《そつう》のための手段についての選択の機会が確保されるとともに、情報の取得又《また》は利用のための手段についての選択の機会の拡大が図られること。

（傍線引用者）

「可能な限り」とついてしまったら、「やろうとしたけど無理やった、ごめんな、もうちょっとがまんしてな」というのがＯＫになってしまいます。この「可能な限り」という留保は、地域生活についてだけでなく、教育や療育《りょういく》や支援、コミュニケーション言語の選択などにもついています。でもこれは、権利条約との関係でも、おかしいです。今後、障害者基本法や障害者差別解消法の見直しのなかで、この「可能な限り」を外すことが、障害者運動のなかでの大きな取り組みのひとつになってくると思います。

◉苦しさ、つらさに向き合って生きる

昨年（二〇一九年）呼ばれたシンポジウムで、西駒郷《にしこまごう》地域生活支援センターの元所長・山田優《まさる》さん、大阪府立大学の准教授《じゅんきょうじゅ》・三田優子《みたゆうこ》さんとご一緒しました。山田さんは、長野県の西駒郷という大規模入所施設を解体し、たくさんの利用者さんを地域に送り出していった人ですが、シンポジウムでこんな話をしていました。

「多くの入所施設では、夜勤職員が休めるように、夜間、入所者に眠剤《みんざい》を処方してもらうこともある。やまゆり園ではどうだったのか知らないけれど、襲撃《しゅうげき》されたときに、利用者が眠剤や拘束で動けなかったとしたら、こんなつらいことはない」と。

ボクも前に書いたとおり、むちゃくちゃ薬飲んでます。眠剤も飲んで、筋弛緩剤《きんしかんざい》や痛み止めも飲むけど、それでも眠《ねむ》れないときは眠れない。ここで強制的に寝《ね》かせようと思ったら、もっと薬は増えていきます。でもいまボクが自問自答してるのは、寝られなかったらほんまにダメなのかということです。眠れない自分、しんどい自分に向き合って生きてい

く。それを見ている人はどう思うだろうということを考えながら生きていく。それってじつは大切なことではないかと思います。それが、効率優先になって、家族に面倒《めんどう》かけるから施設に入れようとか、職員に面倒かけるから拘束しようとか、そういう方向に動いてしまう怖さが、事件以降、ますます強くなっている気がします。

ボクは脳性まひで生まれてきて、年々身体が動かんようになってきてるけど、ボクにとってそれはわりと当たり前のことです。でも、健常者で苦しい経験がなかったりすると、歳《とし》をとって病気や事故で苦しみがドンときたときに、どうしていいかわからなくて、下手《へた》すると「これをなくすことが本人のためじゃないか」という意見もまかり通ってしまいます。でもそれは間違っているとボクは思います。苦しいけれども生きていくべきです。しんどいけど、明日もあるんだということを分かち合える仲間やつながり、いまはまだ弱いけれど、ボクはそれを訴《うった》えていきたいと思っています。

この事件で四五人もの人たちが殺傷され、家族や関係者など、たくさんの人が傷つけられてしまった。この傷をボクたちは抱えつづけて分かち合って生きていくこと。人が生きるとはどういうことかを考えつづけていくこと。一人ひとりの命をみんなでしっかり守っていくこと。それが犠牲《ぎせい》になった人たちに対する、せめてもの償《つぐな》いじゃないかと思います。

問7　「安楽死」や「尊厳死」、どう思いますか？

難病・筋萎縮性側索硬化症《きんいしゅくせいそくさくこうかしょう》（ALS）の女性患者《かんじゃ》への嘱託《しょくたく》殺人容疑で、医師二人が京都府警に逮捕《たいほ》された事件が、今年（二〇二〇年）七月に起きました。SNSを通じて知り合った医師に、患者本人が「安楽死」を依頼《いらい》したことが報じられています。

この事件をきっかけに「安楽死」や「尊厳死」など「死ぬ権利」についても積極的に議論しようという声が上がっていますが、玉木さんのご意見をお聞きしたいです。

（Wさん）

◉生まれるときと死ぬときには「意思決定」は働かない

普段《ふだん》ボクは「意思決定」とか「自己選択《せんたく》」という話をよくしてるけど、人間の一生には、自分の意思や選択が働かないことが二回あると思っています。それは、生まれるときと死ぬときです。ボクの誕生日は八月二三日やけど、じゃあ八月二三日にボクは自分の意思で生まれてきたかといえば、もちろんそんなことはない。死ぬときも同じように、自分の意思で死ぬかどうかは決められないし、決めてはいけないのです。

「しんどいから死にます」ということを認める社会というのは、いじめに苦しむ中学生もリストラされたサラリーマンも、「どうぞどうぞ」と自殺を容認《ようにん》する社会になってしまいます。すごく危険なことです。どんな状況《じょうきょう》であっても、どんなに苦しくても、生きていこう。生まれてきたら、生きつづける権利と義務があると思います。しんどくなったときに、どれだけ人とのつながりがあるか、どれだけ社会がセーフティネットを張ってくれてるか。そういうことが大事です。苦しかったら苦しいなりに、人とつながって苦しさを分かち合うとか共有するというなかで、また次の何かが生まれてくるはずです。そういうことをもっとみんなで社会的にやっていこうねということを、メディアはもっと伝えるべきです。

メディアがダメなのは、「安楽死」というキーワードが出てきたら、そのキーワードをみんなでわーわーしゃべる。だからしょうもない論議にしかならない。人が生きるとか、生きつづけることの意味とか、命の意味ということをしっかり話す場面に変えていくことが、どうしてできないのでしょう。あの事件が明るみにでてから、そうした疑問をすごく感じます。

だって、苦しいのは仕方がないもん。前にも書いたけど、ボクもいま、だいぶしんどいですよ。夜も眠《ねむ》れないし、息苦しいし、家族にも心配かけてるし。それでも、ですよ。それでも命はあるんやから、ある命は徹底的《てっていてき》に大切にしていくべきと思います。

◉「安楽死」への誤解

それに、「安楽死」というのも、じつはけっこう誤解されています。ありがたいことにボクは、仏教系、キリスト教系など、いろんな宗教関係者と対談したりする機会があるのですが、そうした人たちにいろいろ聞いていくと、じつは日本でいわれている「安楽死」というのは、かなり誤解があります。ボクが出会ってきた宗教関係者たちの話を聞いているかぎり、どんなに苦しくてもどんなにしんどくても、命あるかぎりはしっかり生きつづけていって、本当に死ぬ瞬間《しゅんかん》に、「ああ、いっぱいがんばってきたな」とか「ここまでがんばってきたからこれで楽になれるわ」という感覚になって死んでいくことが「安楽死」だと考えられます。しんどいから途中《とちゅう》でもう終わりって決めて命を終わらせることは、本来の「安楽死」ではないとボクは考えています。

「尊厳死」という言葉にも、ボクは違和感《いわかん》があります。「尊厳」という言葉を辞書で引くと「尊く厳《おごそ》かなこと。気高く犯《おか》しがたいこと。また、そのさま」などと書いてあります。

誰《だれ》もが侵《おか》せないし、侵してはいけないということでしょう。なくすとか消すとかはできないはずです。一方「死ぬ」というのは、生命活動が終止すること。これはほぼ受動態的な言葉だと思います。

「尊厳死」は、辞書にこう書いてあります。「助かる見込《みこ》みの全くないままに長期間にわたって植物状態が続いたり、激しい苦痛に悩《なや》まされつづけている患者に対し、生命維持《いじ》装置などによる人為的《じんいてき》な延命を中止し、人間としての尊厳を維持したまま死を迎《むか》えさせること」。死を迎えさせることが、尊厳を維持することにつながるのでしょうか。

ボクは尊厳と死は、反比例の関係だと思うんです。命が消えるまで生きつづけることが尊厳が守られることであって、尊厳を守るために途中で命を終わらせるというのは、日本語としておかしくないか。治療《ちりょう》の選択や拒否《きょひ》は尊重されるべきかもしれん。でも、人工呼吸器を外すか外さないかを議論するのは違《ちが》う。「尊厳のために死なせてあげる」なんておかしいでしょう。

「尊厳死」や「安楽死」という言葉は、優生思想を彷彿《ほうふつ》とさせる。誰の都合の「尊厳死」なのか、誰の都合の「安楽死」なのかということを考えていくべきと思います。

◉両親を看取《みと》った経験

ボクの両親は、もう他界してるのですが、親を看取るときにはいろいろ悩みました。

ボクの親父《おやじ》は病院で亡《な》くなりました。脳梗塞《のうこうそく》で倒《たお》れて意識障害があって、七カ月入院した後、永眠《えいみん》しました。ボクは家へ帰したかったのですが、お母ちゃんが「一人やから家に帰ってても困る」と言う。ボクは姫路《ひめじ》市の実家から八〇キロくらい離《はな》れた西宮《にしのみや》市に住んでいて、何も手伝えない。それで施設《しせつ》を探しかけていたのです。それは精神的にきつかった。だってボクは「どんな人でも地域で暮らそう」と言いつづけてきたのです。親父が施設に入ったら、もうボクは仕事やめないといけないかと思ったくらい、追いつめられていました。結果的にその前に病院で亡くなったけど、自分の親父すら自宅で看取れなかったことを、ずっと引きずっていました。

だからこそ、お母ちゃんだけはという思いで、ギリギリまで姫路の実家で一人暮らしをしてもらっていた。認知《にんち》が不安な状況になってきたのは、亡くなる数年前。ある日の朝、ボクの携帯《けいたい》に電話をかけてきて、「うちの家の床《ゆか》に、だれか人が入ってきてん。便器を持っていった」と言う。そろそろきたなと思いました。それからは、ちょっとずつヘルパーや訪問看護、訪問診療《しんりょう》を入れたりしながら、一人暮らしを続けていきました。その後、乳がんが発覚して手術に。それで一昨年（二〇一八年）の九月半ば、親父の墓参りのときに「西宮に来る？」と聞いたら「うん」と言ってくれたので、ボクの家に来てもらいました。妻や子どもたちにも協力してもらい、二〇日ほど経《た》ったある日の朝、お母ちゃんは八一歳《さい》で息を引き取りました。

前日の夜、仕事から帰ってきたボクに「おかえり」と言ってくれた。「苦しくないか」と聞いたら「うん、大丈夫《だいじょうぶ》」と言うから、ボクも寝《ね》ました。それで朝起きたら、静かに、まるで寝てるように亡くなっていました。頭がまだちょっと生温《なまぬる》かったかな。

仕事の関係で、終末期ケアのお医者さんからいろいろ話を聞いたのですが、死の一週間前くらいになると、ボクらが思うよりも、本人は苦しくないらしいです。末期のがん患者でもそれほど痛くはないと先生は言う。のどもゼロゼロいうから、つい、すぐ吸引しようとしてしまいがちですが、やり過ぎても血が出るだけだと。「苦しいか？」と聞いて、本人が「苦しくない」と言ったら、吸引しないそうです。

そういうふうに、いろいろ情報を集めて、どうやったら家で看取れるんかというのを考えていました。亡くなった直後に訪問ドクターに電話して来てもらって、死亡診断書《しんだんしょ》を書いてもらったから、警察が出てくることもなくて、その後の流れもスムーズにできました。葬儀屋《そうぎや》もすぐに姫路から来てくれて、寝台車《しんだいしゃ》で、お母ちゃんの家に帰ることができました。一晩そこで寝てもらって、翌日通夜《つや》をやって、葬式《そうしき》をしました。

親父のときは「うちは狭《せま》いし仏壇《ぶつだん》も二階やから」とお母ちゃんが言って、遺体を家に帰せんかったことが心残りでした。だから、お母ちゃんのときは家で看取れて、「こんな死に方もできるんやな」と、いろんな段取りもスムーズで、ホッとした。自己満足かもしれませんが。

◉「死にたい」と言う人と対話を

うちのお母ちゃんが亡くなったときには、あらかじめ訪問診療のドクターに来てもらう約束をしていたので、すぐにドクターを呼んで来てもらいました。それで死亡確認《かくにん》して、死亡診断書を書いてもらった。ところがそうした段取りをしていなければ、家で亡くなった場合は警察の検視《けんし》が入る。扱《あつか》いがぜんぜん違ってくるわけです。逆にいうたら、医師の死亡診断書というのは、それだけ強い。

ボクの勝手な妄想《もうそう》や思いこみであってほしいけれど、京都の事件のようなひどい医者が増えてきたら、最終的に「原因不明の心不全」という死亡診断書を書いてしまえば、事件化することなく、難病患者や高齢者《こうれいしゃ》、障害者たちが命を奪《うば》われてしまうかもしれない。いままで事件化せず、水面下で同じようなことが行われていた可能性は否定できません。そういう怖《こわ》さが、この事件にはあります。いまの日本では、ほんまに医療、すべての人の命を大切にしようと思ってるんか。本気で命を守ろうとしてるんか。そこをはっきりと知りたいんですよ。そう考えていくと、あの事件だけを見てどうこう言うのは、じつはむちゃくちゃ怖いことです。

それに、実際「死にたい」と思ってる人はたくさんいます。また、「死にたい」と思うこと自体は悪くはない。そう思ってる人とたくさん対話をしていくことが大切です。ただ単に「死んだらあかん」というのは簡単やけど、なんで死んだらあかんのか。そういう対話を、きちんと重ねていくことが大切だと思います。

◉誰もが死んだらあかん!

それから、死にまつわる話でもう一つ気になるのは、昨年（二〇一九年）、川崎市《かわさきし》で児童殺傷事件〈＊11〉が起きたときに、「死にたいなら一人で死ねばいい」という言説が、ネットだけでなくテレビでも流されていたことです。たしかに、どんな理由があったとしても、けっして人を殺したらアカンし、断罪されるべきなのは間違《まちが》いない。

しかし、「死にたい」と思う前の段階で、本人や周りが何をできていたかという検証がないまま、犯行直後に容疑者が自殺したというポイントだけを取り上げて、浅はかなコメントを垂れ流すメディアに、ほんまに腹が立ちました。その後の京都アニメーションの放火殺人事件〈＊12〉でも、「一人で死んでくれ」という言葉が飛《と》び交《か》った。でも、こんなときこそメディアは「誰も死んだらあかん」ということを、全力で発信するべきやないか。

ボクだって、死にたいと思ったことは、いままで何度もありました。中学でいじめられたとき。高校で山奥《やまおく》の全寮制《ぜんりょうせい》の養護学校に閉じこめられていたとき。死んだほうが楽だという思いがよぎることは何度もありましたが、それでも生きてきています。

講演会でボクはよく、「自分のこと大好きな人、このなかにおる？」と聞きますが、たいてい手が挙がりません。逆に、「自分のこと大嫌《だいきら》いやっていう人は？」と聞くとチラホラいるのです。自分が嫌いやのに、他人のことなんて考えられないでしょう？

だからみなさん、一日終わったら、自分で自分の頭を撫《な》でて「今日もよくがんばったね」と、自分でほめてあげや。朝起きたら「おはよう。今日もいろいろあるけどゆっくりやれや」と言ってあげや。これ、バカみたいやけど、むちゃくちゃ効《き》くで。下手《へた》すると、涙《なみだ》出てくる。自分で自分のことをほめてあげて、パワーに変えていく。

それができてくると、今度はしんどいとか助けてほしいときに、家族や先生や友だちに「助けてくれ」「困ってる」と言えるようになる。それをしていかんと、どんどんしんどくなって、どんどん自分が嫌《いや》で、下手したら自分はいないほうがいいのではないかとか思ってしまいます。

いま、未成年の自殺者が増えてしまっているけど、とくに子どもたちには、こういうメッセージを伝えていく必要があるのかなと思います。

問8　出生前診断《しゅっしょうぜんしんだん》、どうしよう？

第一子妊娠《にんしん》中です。高齢《こうれい》妊娠だということもあって（現在四一歳《さい》です）、産科で出生前診断という選択肢《せんたくし》もあると言われました。

「新型出生前診断（NIPT）」は採血だけでできるので、おなかの子に対するリスクはないこと、ダウン症《しょう》など三種類の染色体《せんしょくたい》異常がないかどうか検査できること、精度も九九％と高いことなどを知りました。

検査の結果、陽性が出たらどうしよう、検査を受けないほうがいいのか、受けたほうがいいのかと悩《なや》みながらタイムリミットが迫《せま》っています。

（Oさん）

◉産むのは大前提

いま迷ってるなら、検査結果で陽性が出たときもまた迷うから、やめたほうがいいとボクは思うで。でも、もし「受けたいんです！」という人がいたら、ボクは止めません。受ければいいと思います。

検査自体が悪いわけじゃないんよ。結果しだいで産むか産まないかを判断することが問題だと思います。産むのは大前提です。前にも書いたけど、人間が生まれるときと死ぬとき、この二つだけは人の意思とか選択《せんたく》をさしはさむのはダメです。だってそもそも判断できんし、判断してはいけないものを判断していくからおかしなことになって、それの行き着く先は優生思想です。これは良い命、これは悪い命なんて、おかしいですよね。すべての命を絶対守る。そうせんかったら、人間の尊厳なんて守れないとボクは思います。

だから、繰《く》り返《かえ》しになるけど、産むのは大前提で、そのための心の準備とか、産後どんな機関にアプローチしていったらいいのかとか、発達段階でどういうことをやっていったらいいのかとか、そういう事前情報を得るためにする検査やったら、受けたらいい。でも現実には、陽性が出た人の九割が人工妊娠中絶という選択をしています。

ここで忘れんといてほしいのは、現在日本の法律では、障害を理由にした人工妊娠中絶は認められていないということです。

人工妊娠中絶について、母体保護法にはこう書いてあります。

母体保護法

第一四条　都道府県の区域を単位として設立された社団法人たる医師会の指定する医

師（以下「指定医師」という。）は、次の各号の一に該当《がいとう》する者に対して、本人及《およ》び配《はい》偶者《ぐうしゃ》の同意を得て、人工妊娠中絶を行うことができる。

一　妊娠の継続《けいぞく》又《また》は分娩《ぶんべん》が身体的又は経済的理由により母体の健康を著《いちじる》しく害するおそれのあるもの

二　暴行若《も》しくは脅迫《きょうはく》によって又は抵抗《ていこう》若しくは拒絶《きょぜつ》することができない間に姦《かん》淫《いん》されて妊娠したもの

2　前項《ぜんこう》の同意は、配偶者が知れないとき若しくはその意思を表示することができないとき又は妊娠後に配偶者がなくなったときには本人の同意だけで足りる。

つまり、身体的または経済的理由でお母ちゃんの健康を著しく害する場合、あるいは性暴力被害《ひがい》によって妊娠した場合、その場合のみが法律で認められているのであって、「この子は障害があるかもしれないから」という理由では認められません。でも実際には、表向きは経済的理由などということにして申請《しんせい》することで、人工妊娠中絶が行われていることが多いです。

ちなみに、母体保護法ではお母ちゃんの命を守ることしか書いてないけれど、ボクは胎《たい》児《じ》の命も守る必要があると思っています。社会全体として、子どもの命を守るということが大事だと思います（問9参照）。

◉命への向き合い方、もっと話していくべき

さて、新型出生前診断に話を戻《もど》すと、認定外《にんていがい》の施設《しせつ》での検査が横行していて、それへの対策として、日本産科婦人科学会では施設の認可《にんか》条件を緩和《かんわ》して、小規模な医療《いりょう》機関でもこの検査が受けられるようにする方針を固めています。厚生労働省《こうせいろうどうしょう》でも昨秋（二〇一九年一〇月）からワーキンググループで議論が始まった。ボクは、容易に検査が受けられるようになって、障害の可能性があるというだけで「産まない」という選択をする人が増えることを懸念《けねん》しています。

検査以前に、そもそもボクは妊婦健診《にんぷけんしん》のなかで、命というのはどういうものなのか、もっときちんとお母さんやお父さんに伝えていくべきだと思っています。生まれる前にも生まれた後にも、障害は起こり得るものですから、そのときどう向き合っていくか、どう対応していくかということを、もっとお医者さんや助産師さんたちに考えていってほしいです。

あんまり言い過ぎると、妊婦さんが不安になってしまうからという理由で、そういう話をしないところが多いかもしれませんが、でも一方で、障害のある子が生まれる可能性も

あります。命が生まれる以上すべての命を受け止めていこうということを、本当はもうちょっと言語化すべきだと思います。「そもそも命ってどういうものでしょう？」という本質的な話です。

◉「幸せ」って誰《だれ》が決めるの？

近年、旧優生保護法の下で行われていた強制不妊《ふにん》手術〈＊7〉が話題になっていますが、ボクはそんな時代のまっただ中で生まれた人間です。ボクが生まれ育った兵庫県では、一九六六年から「不幸な子どもの生まれない県民運動」を全国に先駆《さきが》けて行っていました。七〇年には県の衛生部に「不幸な子の生まれない対策室」がおかれます（七四年に障害者団体の抗議《こうぎ》により廃止《はいし》）。そこが「不幸な子どもはこんな子ども」という定義をしているのですが、こう書いてあります。

優生保護法についての医学的な考え方は、あとで触《ふ》れるとして、不幸な子どもの生まれない運動という時の「不幸な子」とは、何をさしていうのか、定義を明らかにしておく必要がある。

一、生まれてくること自体が不幸である子ども。たとえば遺伝性精神病の宿命をになった子ども。

二、生まれてくることを、誰からも希望されない子ども。たとえば妊娠中絶を行なって、いわゆる日の目を見ない子ども。

三、胎芽期《たいがき》、胎児期に母親の病気や、あるいは無知のために起ってくる、各種の障害をもった子ども。たとえば、ウイルス性感染《かんせん》病、トキソプラズマ症・性病・糖尿《とうにょう》病《びょう》・妊娠中毒症《ちゅうどくしょう》・ある種の薬剤《やくざい》・栄養障害・放射線障害など。

四、出生直後に治療《ちりょう》を怠《おこた》ったため生涯《しょうがい》不幸な運命を背負《せお》って人生を過《す》ご子ども。たとえば分娩障害・未熟児・血液型不適合や、新生児特発性ビリルビン血症《けっしょう》に起因する新生児重症《じゅうしょう》黄だんによる脳性マヒなど。

五、乳幼児期に早く治療すれば救いうるものを放置したための不幸な子ども。たとえばフェニールケトン尿症《にょうしょう》などの先天性代謝《たいしゃ》障害による精神薄弱《はくじゃく》児や、先天性脱臼《だっきゅう》、先天性心臓疾患《しっかん》など。

（不幸な子の生まれない対策室『幸福への科学』のじぎく文庫　一九七三、四七〜四八ページ）

というわけでボクは、県から勝手に「あんた不幸やろ？」といわれていたわけです。

でも、「幸せ」って誰が決めるんですか？　幸せって誰が管理するんですか？　それは、その人自身です。まわりがどんなに「かわいそうや」とか「気の毒やな」と思ってても、自分がうれしかったり楽しかったりしてたら、それでOKなわけでしょう。けっして他人が決めることではないことを、兵庫県はやっていました。

そして、「幸せ」かどうかは、生きてみんとわからないことでしょ。障害があるかないかじゃないんです。生き方でその人の人生が決まってくる。それに、ずっと不幸な人なんていないです。生きていればいろいろ変化するのです。そのなかで、心地《ここち》いい時間とか、ホッとする時間とか、うれしいことや楽しいこと、あたたかい気持ちになることが、誰にでもあるはずですよ。

◉障害児である前に、一人の子どもとして

繰り返しになるけど、自己決定や自己選択というのは生まれるときと死ぬときには、ボクは働かないと思っています。だからこそ、生きてる間、命あるかぎり、どうやったらみんなが心地よく生きていけるかということを考えていくことが大事だと思います。「出生前診断で陽性が出たら」と言うけど、障害児である前に一人の子どもとして、その命ときっちり向き合っていってほしい。ボクだって、障害者である前に一人の人間です。

誰だって、幸せになるために生きています。だからまずは自分のことを好きになって大

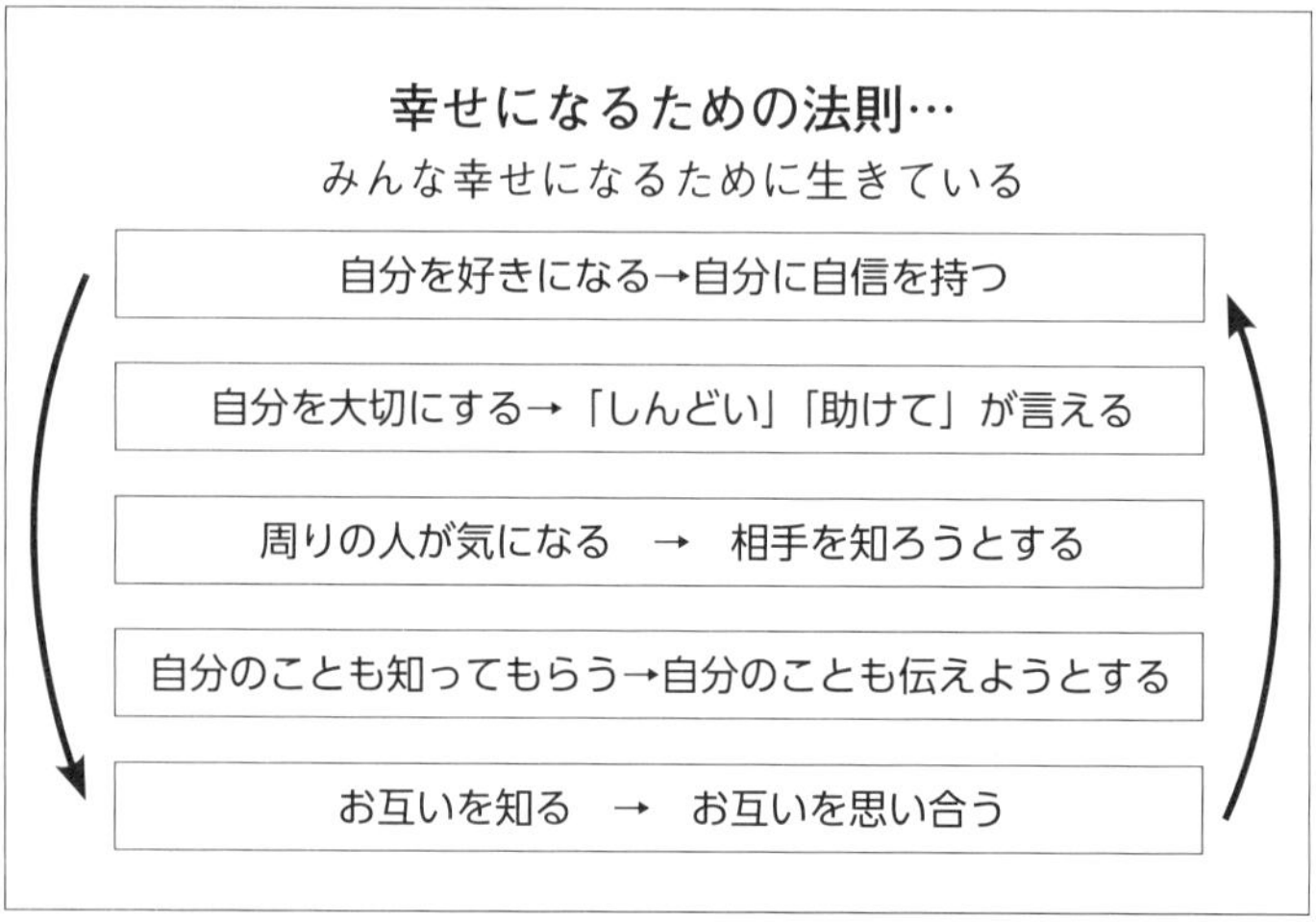

自分を好きになる→自分に自信を持つ	
自分を大切にする→「しんどい」「助けて」が言える	
周りの人が気になる　→　相手を知ろうとする	
自分のことも知ってもらう→自分のことも伝えようとする	
お互いを知る　→　お互いを思い合う	

講演用資料より

切にしてほしい。そうしたら他人のことも理解しようと思える。自分のことも伝えるようにして、お互《たが》いの理解を深めていくということ、そういうことの積み重ねが、「幸せになるための法則」だと思っています。ボクの名前は幸則。ようできた話やろ（笑）。障害があってもなくても、助け合いながら、みんな命あるかぎり一緒《いっしょ》に生きていきたいなってボクは思います。

問9　望まない妊娠《にんしん》……どう考えますか？

この間、つい避妊《ひにん》せずに夫とセックスしてしまいました。子どもはほしいけれど、私は三カ月前に会社を辞《や》め、現在求職中です。

結果的に生理がきたのでホッとしましたが、よく考えてみたら、いまの私たち夫婦《ふうふ》の経済状況《じょうきょう》では、とても子どもを産んで育てることはできなかったと思います。もし妊娠していたとしたら、「産まない選択《せんたく》」をしていたかもしれません。

玉木さんはそういった問題をどう考えますか？

（Tさん）

◉最初から無理と決めつけないで

Tさんたち夫婦の「子どもがほしい」という気持ちは、これからも大切にしてほしい。これがまずボクの言いたいことです。

そしてこれから、今回のように、自分たちの経済状況や環境《かんきょう》が万全《ばんぜん》でないときに子どもができた場合には、最初から諦《あきら》めるんじゃなくて、どうやったら育てられるかを調べてほしいと思います。質問を読むと、最初から無理って決めつけちゃってるような感じがするけど、探せば方法はいくらでもあります。それについてはまた後で話すけど、収入のことや暮らしのこと、自分がいま見えている範囲《はんい》だけで物事を決めてしまうのは危険なことだと思います。

ところで、ちょっとむずかしい話から始めると、旧優生保護法がひどい法律だったということはいまではよく知られているけど、じゃあいまの母体保護法はどうなってるんか、みんな知ってるかな？　旧優生保護法は一九九六年の改正で、優生思想に基《もと》づいた規定が削除《さくじょ》され「母体保護法」となりました。そこの議論は、マスコミも含《ふく》めてぜんぜんされていません。でも、ボクはそこを考えることが大事だと思います。

ボクが読むかぎり、まあボクの日本語力がないということもあるかもしれないけど、いまの母体保護法は、お母ちゃんの生命は守るけど、おなかの中の命を守るということは一《いっ》切《さい》書いてないんよ。母体保護法第一条に書いてあるこの法律の目的は、「不妊《ふにん》手術及《およ》び人工妊娠中絶に関する事項《じこう》を定めること等により、母性の生命健康を保護すること」です。これもおかしいですね。胎児《たいじ》の命も同様に守っていくための法律というのを、ボクはつくるべきだと思います。

前にも書きましたが（問8参照）、母体保護法第一四条では、人工妊娠中絶が認められる場合について、「妊娠の継続又《けいぞくまた》は分娩《ぶんべん》が身体的又は経済的理由により母体の健康を著《いちじる》しく害するおそれのあるもの」、あるいは「暴行若《も》しくは脅迫《きょうはく》によって又は抵抗《ていこう》若しくは拒絶《きょぜつ》することができない間に姦淫《かんいん》されて妊娠したもの」という規定があります。

Tさんの場合は、この「経済的理由」になりますね。お母ちゃんの健康状態が危なくなるから仕方なく……というケースならまだしも、経済的理由で産まなくてもいいということが、法律に書いてあります。

でも、この法律は矛盾《むじゅん》しています。日本国憲法の二五条には、生存権の規定があります。

日本国憲法

第二五条　すべて国民は、健康で文化的な最低限度の生活を営む権利を有する。

この憲法の規定を受けて、生活保護法〈＊13〉があるわけです。生活保護のなかでも、たとえば出産扶助《ふじょ》があったり、母子加算や児童養育加算があります。母子福祉法《ふくしほう》〈＊14〉、児童福祉法〈＊15〉も昔より充実《じゅうじつ》してきているから、「経済的理由により」中絶を認めるというのは、憲法二五条に反することになってしまいます。この矛盾を、どうして内閣法制局が認めてるんかな。内閣法制局というのは、日本の法律や政令、条約を審査《しんさ》するスペシャリストがそろっているところです。そこがこの矛盾を認めてるって、おかしくないかな？

◉一人で抱《かか》えこまなくて大丈夫《だいじょうぶ》

誤解してほしくないのですが、親が自分の子を、何が何でも自分で育てるべきとは、ボクは言っていません。いろんな事情があって、自分で育てるのがきつい人だっています。そのために社会で子どもを育てる仕組みがあります。乳児院〈＊16〉もあるし、里親制度〈＊17〉や特別養子縁組《えんぐみ》〈＊18〉もあります。熊本市《くまもとし》の慈恵《じけい》病院がやってる「赤ちゃんポスト」〈＊19〉もあります。

赤ちゃんポストは誤解されがちだけど、あれは赤ちゃんを捨てるところじゃない。赤ちゃんをそこのベッドに預けると、看護師が駆《か》けつけてきて、事情を聞く。「乳児院に入れるけどええかな」ということを確認《かくにん》して、病院が窓口になって、乳児院や児童養護施設《しせつ》につないでいく。テレビでもやっていたけど、二〜三年経《た》って迎《むか》えにくるお母さんも出てきてるんよ。だから、そういう制度を使っていけば、中絶を認める理由として、経済的な問題を書く必要はないんですよね。

自分で育てられんかったら無理に育てなくてもいいと思います。「親が責任もって最後まで育てるべき」という感覚を強《し》いてきた結果、あちこちでひどい虐待《ぎゃくたい》が起きてるわけでしょう？

人にはいろんな事情があるから、経済的事情以外にも、たしかに「望まない妊娠」はありますよ。そういうときに、お母ちゃんが一人でその子を育てろというのは、酷《こく》だと思います。それはしんどいですよね。

でも、「生まれなくていい命なんてない」とボクは思っています。だからきちんと社会で守って育てていく。もちろん、お母ちゃんのメンタルケアも丁寧《ていねい》にしていく必要があります。「一人で抱えなくて大丈夫、社会できちんと育てるで」と。胸を張ってそう言えるような世の中にしていかんかったら、そもそも人の命や尊厳は守れんと思います。

だって、おなかの命に罪はない。子どもは関係ない。そう言える社会こそが大事だとボクは思います。それが言えないとしたら、それこそ差別だらけの社会です。それをボクらは本気で変えていくことが大事です。そこがブレなかったら、言いきれると思うんよ。「この子はこの子や。すべての命を守る」と。

3　みんなが一緒に生きていける社会をつくるために

問10　障害のあるわが子を地域の学校で学ばせたいのですが……

子どもに発達障害があり、就学時健康診断《しんだん》で「特別支援《しえん》学校　適」とされました。でも、腕《うで》や手を補助すれば、幼稚園《ようちえん》のときにはもう文字を書いたり計算ができていたので、支援学校では物足りないのではと思い、校長先生や教育委員会と一年がかりで話し合いを重ね、なんとか小・中学校と支援学級に入れました（普通《ふつう》級が希望でしたが）。障害のある子どもやその保護者が人一倍、いや人十倍くらいがんばらないと勉強をさせてもらえない世の中に、本当に疲《つか》れ果《は》てます。

わが子は勉強が大好きなので高校に行かせたいですが、県外では、公立高校のなかに支援学校の分校が入っていたり、公立高校だけれど小学校や中学校のような

支援を受けながら通えていたりする地域もあると聞きました。玉木さんはどう思いますか？　また、玉木さんご自身の学校生活についてもうかがいたいです。

（Mさん）

◉小中学校は普通学校に

ボクも小学校に入るときにはもめました。当時、就学適性化委員会（自治体によって名《めい》称《しょう》は異なる）で引っかかって、地元の小学校への入学を拒否《きょひ》されました。詳《くわ》しくは前に書いた本『生まれてきてよかった』に書いてるので、よかったら読んでくださいね。

Mさんと同じように、親が教育委員会に申し入れをして、なんとか普通学校に入ることができました。そのとき、誓約書《せいやくしょ》を書かされて、登下校だけは親が付《つ》き添《そ》うことになりました。

入学前にはそんなこともあったけど、いま思うと当時は、ボクが勉強できるように、学校のなかでけっこう工夫《くふう》してくれてた。小二のときの担任の先生は、授業中黒板に板書したら、みんながそれをノートに写している間にボクの横に来て、ボクのノートを書いてくれた。みんなが書き終わるころには、ボクのノートも書き終わって、また授業を進める。

そういうことをずっとやってくれていたのです。

五年生になると、林間学校がありました。そのときも、事前に担任の先生に呼ばれて、「林間学校のとき、玉木に一人先生をつけたるけど、誰《だれ》がええか」と聞かれた。それでボクが「四年生のときの担任の先生がいい」と言ったら、実際つけてくれました。そのときつきそってくれた先生に、「自分のクラスはどうしてるん?」と聞いたら「一泊《ぱく》二日くらいは、教頭先生がかわりに授業してくれてるから、そんなこと心配せんでええわ」と。

教室移動のときも、手伝ってくれる子がおって、荷物を持ってくれたり、両脇《りょうわき》を抱《かか》えてくれたりしました。運動会で徒競走や組体操、騎馬戦《きばせん》があったけど、ボクも参加してました。

そうやって、先生や同級生がそれぞれ工夫してくれました。まさに、「合理的配慮《はいりょ》」(問1参照)です。

でも、そういうことって、昔はけっこうあったんじゃないかな。目の不自由な子は前の席にするとか、おしゃべり多い子は先生の前の席に、とか、窓の外ばっかり見て落ち着かん子は窓際《まどぎわ》じゃなくて真ん中のほう、とか。そうやって学校で工夫してたと思うのですが、いまはしないのかな。「○○障害」というラベリングをして見ていくからややこしくなるのでしょう? この子はどういう特性があるのか、この子はどういうことができて、どういうことができないのかというふうに見ていけばできるのではないかな。

小中学校では、いじめもあったけど、助けてくれる子もおって、孤立《こりつ》はしてなかった（問3参照）。児童会や生徒会に入ったりして、いろんな子がおるなかで学校生活を送っていたのです。

◉窮屈《きゅうくつ》だった養護学校時代

ところが、高校では、全寮制《ぜんりょうせい》の養護学校〈＊3〉に入ることになりました。

ボクは当時、成績はあんまりよくなかったけど、普通高校に進学したかったんです。でも中学の先生に養護学校を強く勧《すす》められて、親も「先生がそんなに言うてくれるんやったら……」と、丸めこまれてしまった。

兵庫県西部の、山の奥《おく》にある、人里離《はな》れた学校でした。学校の奥は行き止まりで、その奥にはキャンプ場があって。校庭には、イノシシやシカがしょっちゅう出ていました。

養護学校では、「君たちが社会に出て困らんように、ここで勉強したり訓練したりして、社会性を身につけましょう」と言われる。でも、じゃあボクたちはイノシシと仕事をするんですか？　シカとするんですか？　違《ちが》うでしょ。

社会って何やろうってことを考えます。一般的《いっぱんてき》には、社会人になることをもって「社会に出る」という。でも本当は、生まれた瞬間《しゅんかん》から社会生活というのは始まってるわけです。〇歳《さい》なら〇歳なりの、一〇歳なら一〇歳なりの、二〇歳なら二〇歳なりの、そして五〇歳なら五〇歳なりの社会生活があります。そういう、年相応の社会生活をしっかり保障することが大事であって、社会人になることが社会に出るということではないんですよね。

それに、すごく窮屈でした。学校と寮《りょう》は、渡《わた》り廊下《ろうか》一本でつながっていました。先生・生徒・寮職員の三角関係。しかも暑苦しい青年が六人、一五畳《じょう》くらいの和室で相部屋ですよ。

養護学校はいま、盲学校《もうがっこう》・聾学校《ろうがっこう》と一本化されて、特別支援学校っていわれるけれども、「ボク、スペシャルな教育なんて受けてない」と思います。ボクたちが受けてきた教育は、大幅《おおはば》にさっぴかれてた。物理の時間は、先生が普通に「ここはむずかしいから飛ばす」と言ってました。数学でも微分《びぶん》はやったけど、積分《せきぶん》はやってない。時間がないから飛ばす。「勉強しろ」と言われない点は楽だったけど、ぜんぜんスペシャルな教育じゃないですよね。

その後、ボクはなんとか大学に受かって日本福祉《ふくし》大学に進学しましたが、大学に行くときの一番の不安要素は、「ボク、健常者とコミュニケーション取れるんかな」ということだったのです。これ、ほんまに思っていました。だって三年間、街なかまで片道五キロもある山奥《やまおく》の全寮制でね、生徒と教職員と寮の職員以外の人とは、ほぼコンタクトがないわけです。大学に行けば、いろんな人がおるわけでしょう。そこに行ったときにボク、変な話、「言葉って通じるんやろうか」とか、「いま何がはやってるんやろうか」とか、そういう不安なことがたくさんありました。

◉療育施設《りょういくしせつ》で過ごした幼少期

学校ではないけど、もう一つボクには忘れられない経験があって、ボクは四歳の終わりにも施設に入れられていたのです。障害の早期治療《ちりょう》と訓練のための肢体《したい》不自由児療育施設でした。そこでひざの裏を手術して、歩きやすくする訓練を受けました。

考えてみてください。四歳や五歳の子どもが、親元から離され、毎日他人と寝《ね》るというのはどういうことなのか。このときボクは「なんでボクだけここにおって訓練したり治療したりせなあかんのやろ」と思いました。ものすごく寂《さび》しかったんです。お父ちゃん、お母ちゃんに会えるのは月に二回だけ。それも決まった曜日に、決まった時間帯だけ親が来る。親の都合で来れなかったら、一カ月とか二カ月とか空いてしまいます。

しかも、「障害を治す」どころか、ひざ裏の手術によって、正座すらまともにできなくなってしまった。

このときの経験と高校での経験があるから、ボクは昔から地域にこだわり、みんなと同じような生活をしていくべきと言いつづけてきたんです。昔の自立の考え方は、自分のことは自分でするというのが強かった。でも、障害者だけを別の環境《かんきょう》において、「社会は大変なんや、君たちがんばれよ」と、一方的に障害者だけを変えようとするやり方はおかしいです。

◉インクルーシブ教育に向けてのステップとして

それから質問の、「公立高校のなかに特別支援学校の分校が入る」ってことやけど、これ、インクルーシブ教育に向けての段階のひとつとしては、正しいとボクは思います。分けてませんからね。

インクルーシブ（inclusive）とは、「すべてを含《ふく》んだ」とか「包括《ほうかつ》・包容した」という意味の英語です。インクルーシブ教育とは、人間の多様性を尊重し、障害のある・なしで分け隔《へだ》てられることなく、それぞれに応じた「合理的配慮」をしていきながら、地域の学校でみんなが一緒《いっしょ》に学べる教育のことです。障害者権利条約に、そうした教育環境を確保することが定められています〈＊20〉。

同じ敷地《しきち》の中に入れば、自分が暮らす地域の学校に通うことができます。予算も特別支援学校並みの予算がつきます。運営は校長先生とかの裁量ですから、看板は特別支援学校でも、一部障害がない子と一緒に勉強したり、遊んだりすることもできます。それはいいと思います。

うちの近くの市には、ある県立高等学校と県立特別支援学校があります。敷地は一緒です。同じ敷地に、多部制《たぶせい》単位制の高等学校と、知的障害のある生徒の職業教育に特化した特別支援学校があります。校長は一人で、副校長を高等学校と特別支援学校にそれぞれおいています。食堂や体育館は共有。行事などを一緒にしたりしています。方向性としては、これが近道だと思います。

初等中等教育ってあるでしょう。障害者権利条約〈＊20〉でも、SDGs〈＊21〉でも、基本的に初等中等教育は義務化、無償《むしょう》化しようということがうたわれています。だからボク、内閣府の障害者政策委員会に出席したときに聞きました。「高等学校は高等教育ですか?」と。そしたら返ってきたのは、「高等学校は中等教育後期です」と。つまり、高等学校は高等教育には入らない。高等教育にあたるのは、専門学校や高専、大学などで、高等学校というのは名前は「高等」やけど、じつは中等教育です。

いまや高校進学率は九八%をこえています。本来、高等学校も義務教育化するべきで、なおかつ無償にするべき。たぶんもうすぐそうなると思います。こうなったとき、特別支援学校の分校を地域の高等学校のなかに設置するということは、段階的にはＯＫだと思います。予算のとり方としては。ただ活用の仕方は校長しだいで、分校をつくるからといって、「こっちは別」とやるのはもちろんアウトですね。つまり、分校をつくることが目的ではなくて、あくまで、インクルーシブな環境をどうつくっていくか。それを考えて、一つひとつ実践《じっせん》していくということが大事だと思っています。

◉特別支援教育から個別支援教育へ

何が何でも同じ教室で、同じ勉強をして、みんな一緒にやることがインクルーシブ教育だという人もいるけど、ボクはちょっと考え方が違います。学校は分けてはいけません。ただ、その子がもってる能力を最大限に伸《の》ばすには、勉強の仕方は変わると思うわけです。いま、普通の公立の中学校、高校は先生一人で、授業についていけない子もおれば物足りん子もまぜこぜで勉強を教えるから、学力の差は大きくなる一方です。でも、障害のあるなしではなく、その子にあわせて教え方を変えてあげることで伸びてくることって、じつはたくさんあります。学校のなかで、クラス編成を変えていって、一人ひとりに合わせた勉強の仕方を提供していくことが、インクルーシブ教育の本来のかたちです。それが、権利条約の第二四条〈＊20〉にもきちんと書いてあります。インクルーシブの環境でやるけど、大事なのは「個別化」ですよ。一人ひとりの発達を見ていくこと。だからボクは、講演でもよく「特別支援教育から個別支援教育へ」と言っています。

学校を分けることはダメですが、必要に応じて、到達度《とうたつど》別に学習を進めていくことで、子どもの育ちが保障できる。普通学校でも、到達度別に勉強を提供できるかたちをつくることがインクルーシブ教育じゃないかとボクは思っています。それも、国語の編成、数学の編成というふうに、一つひとつの教科でです。これまでそこを手抜《てぬ》きしてきたから、学力も落ちてきたといわれてると思います。

ちゃんと大人として生きていくために教育が必要だから、障害のある子もない子も教育を受ける権利があります。いまは中学校までが義務教育やけど、本来は高等学校まで義務教育にすべきです。だから障害のある子にもない子にも、高等学校までの勉強をしっかり提供することが大事です。提供するということは、その子たちがきちんと理解できる仕組みをつくっていくことです。その仕組みをつくってないのに「ついてこれん子があかん」とか「無理です」と線を引いてしまうことは、人権侵害《しんがい》であって、差別ですよ。

◉教育委員会もわかってない

ちなみに、質問者のMさんのお子さんは「特別支援学校 適」という判定が出たというけど、これはいま、効力はまったくありません。川崎市《かわさきし》では呼吸器ユーザーの子どもと親が裁判してるけど〈＊22〉、結局、いまの教職員や教育委員会も、裁判官だって、インクルーシブな環境で育ってきてないから、わかってないんですよね。社会は変わってきているのですが、教育委員会の考えが停滞《ていたい》しているのです。裁判を通じて勉強してもらう必要があります。でも、教育委員会に対応するのは、ほんまに消耗《しょうもう》しますよね。だって理解しようとしてないもん。いかに断るか、いかに支援級や支援学校に行ってもらうか。決まり文句は「子どもさんの成長を考えると」です。あれは定型文をしゃべってるだけですから、神経がすり減りますね。

　だから東京大学の先端《せんたん》科学技術研究センター（先端研）が中心に展開しているDO-IT Japanなどの、子どもたちが学校で学びやすくしていくための工夫を伝えているようなところに相談してもええと思います。そこでは、テクノロジーを活用した学びの保障について情報提供していて、ＩＣＴ（情報通信技術）を使ったデジタル教科書とか、ノイズキャンセリングヘッドフォンとか、言葉がダイレクトに耳に届くヘッドフォンとか、そういう機器を使ったら勉強できるということを伝えています。そういうところに一回相談したらどうでしょう？　凝《こ》り固《かた》まった教育委員会に向き合うだけだと、お母さんやお父さんが大変だと思います。

問11 娘《むすめ》が思春期になったら、親の障害のことで悩《なや》んでしまうのでは……

私は四肢麻痺《ししまひ》があり電動車いすで生活しています。

五歳《さい》の娘がいます。子育てはできるかぎりのことをして、いまは娘も「パパ大好き」と言ってくれていています。幼稚園《ようちえん》にもなるべく顔を出しているので、他の園児さんたちも私に懐《なつ》いてくれていたり、先生や保護者さんたちともいい感じの関係を築けていると思っています。

でも、娘が思春期を迎《むか》えるころには、父親の障害のことを気に病《や》んでしまうのでは……と心配しています。

そこで、玉木さんがお子さんとどう向き合ってきたのか、父親トークをぜひ聞いてみたいです。


（Kさん）

◉「障害者あるある」の悩みだけど

玉木　質問ありがとう。この話は、ちょっとボクの家族にも聞いてみようと思います。うちも下の子が女の子で、いまも思春期やけど、どうなんやろ? ボクのことで悩んどったんかな?

妻 うーん……うっとうしいっていうのはあるんじゃない? 障害があるからとか、フラフラしてるとか、そういうことで気に病むっていうのはないかな。ただ、障害者関連の仕《し》事柄《ごとがら》とか、そういうことでいろいろ言ってる発言がめんどくさいっていうのは思ってるかも。

玉木 そういうことやねん。障害そのものじゃなくて、存在そのものがめんどくさい（笑）。

妻 （夫は）学校の先生の批判とか、いろんなことを言うんです。家に帰るとブツブツ怒《おこ》ってるから、それがうっとうしいなとか、めんどくさいなっていうのはあると思います。「学校の先生に言うたる」とか言って、でもそう言いながらぜんぜん動かなかったりすることもあるし、逆に動かれたらもっとめんどくさいというのもあるし。

玉木 子どもたちが小《ち》っちゃいときからボクはこうやから、障害そのものは、子どもたちにとっても、あって当たり前になってると思うわ。思春期になって、いきなりそこだけフォーカスして悩むっていうのはないと思います。

質問者のKさんの娘さんも、五歳の時点で「パパ大好き」と言ってたら、もう認識《にんしき》としてこれがパパなんやから、それが思春期になって「いや、ちょっと違《ちが》ったわ」っていうのはないと思うわ。この悩みは、「障害者あるある」の悩みやけど、そういうことは絶対ないと思います。

◉堂々としている父を見てると……

玉木　ちょっと息子《むすこ》にも聞いてみよか。

息子　まわりから親について何かを言われるという経験はぜんぜんありませんでした。それがあるとないとではぜんぜん違うのかな、っていうのはありますね。でも、周りにそういうことを言わせない雰囲気《ふんいき》が父にあるのかな。だから何も言われなかったのかな、とも思います。

玉木　どんな雰囲気や（笑）。

息子　「こんな人には何も言いようがないのかな」とか？　よくわかんないけど、迫力《はくりょく》があるから（笑）。あと、父は学校によく来たってわけでもなかったし。父のことをみんな知らないというか、見たことがない人がほとんどだったので、父のことをあんまり話すことがなかった。それもあって、モヤモヤすることもなかったのかな。だから質問に出てくる悩みや気に病むということが起きなかったのかなと思います。

ボク自身としては、「ちょっと目立つなー」っていうくらい。ボクはあまり目立ちたくなかったので、小中学校ぐらいのころは、買い物とかに行くと、父はやっぱり目立つんだなっていうのは思いました。でも最近は「珍《めずら》しいしな」「あんまりいないしな」みたいな感じで思ってますね。

玉木　そういえば、反抗期《はんこうき》ってなかったよな。

息子　友だちとかが親の文句を言うのを聞いて、「へぇ、そんなこと思うんやな」って思ってました。まあうっとうしいと思うんやろうけど、そんなに嫌《いや》がることもないのになって。自分はちょっと周りとは違うのかな、変なのかな。

　父は、あんまり「宿題しろ」とか「勉強しろ」とかも言わなかったかも。ときどき「どうなん？」って聞いてくる感じ。それも別にそんなに嫌ではなかったかな。

玉木　親が言ったところで、勉強は自分でせなあかんし。宿題できんかったら学校で怒られるだけや。

息子　「遅《おく》れてもいいから出すだけは出せよ」って言うから、「わかった」と。中学校三年

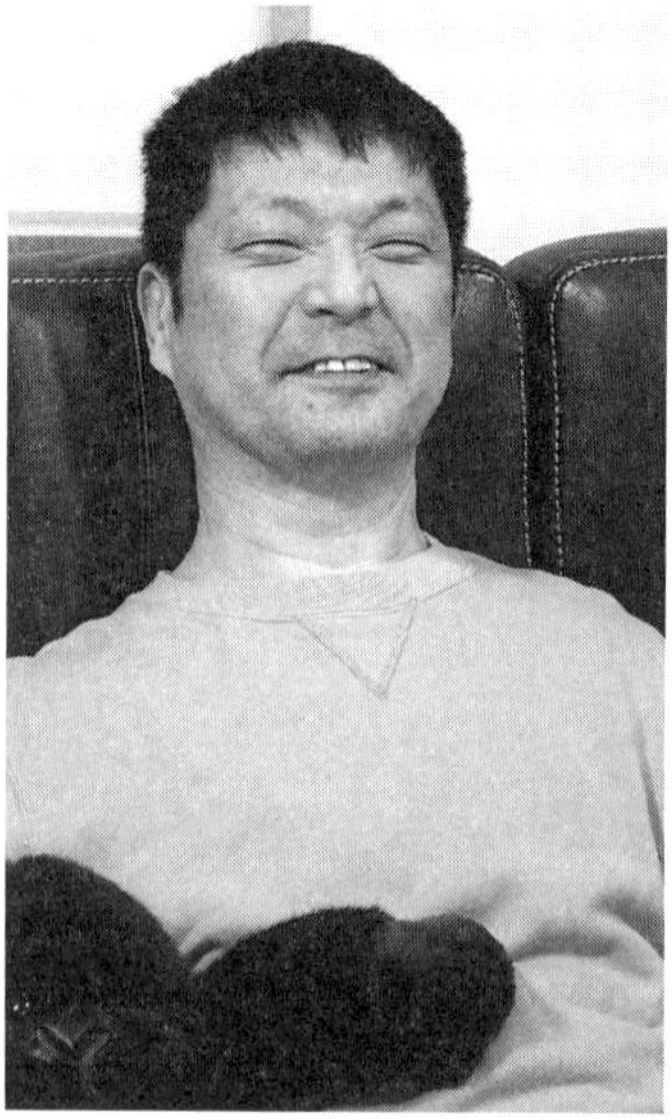

自宅での著者

間、夏休みの宿題は、毎年提出は遅れていたのですが、でも出すだけは出すっていう感じでした。

妻　部活の先生から「宿題をやってない子は部活もやらせない」と言われて、机を持って行って（笑）。

息子　テニス部だったんですけど、教室からコートまで机を持って行って、みんなが部活をやってるなかで宿題をやるっていうことが習慣になってて。ボク、三年生まで一人でずっとやってたんです。

妻　ある意味、心が強いなと思いました。

玉木　マイペースすぎる（笑）。

というわけで、Kさんもそんなに心配せんで、大丈夫《だいじょうぶ》や。

息子　やっぱり父がいつも堂々としているので、それを見ていると、そんなに気に病むようなことでもないのかなーっていうふうに思えてくる。本人が萎縮《いしゅく》してたりすると、それを横で見ている自分もそうなってしまうのかなっていう想像はできますね。

問12 災害時の障害者支援《しえん》について聞かせてください。

近年、大規模災害が続いています。今年(二〇二〇年)も、九州豪雨《ごうう》で熊本県南部を中心に甚大《じんだい》な被害《ひがい》が発生しました。災害時の障害者支援について、玉木さんのご意見を聞かせてください。(Iさん)

◉停電は命に直結する問題

災害時は、停電が大変ですよね。たとえばボクの車いすは電動ですから、停電になったら動けなくなってしまいます。しかも、エレベーターも停《と》まるから、ほんまに身動きがとれんようになってしまいます。ましてや呼吸器をつけてる人は、ほんまに命に直結する問題です。

病院とかには自家発電の設備がありますが、それも限界があるからね。前の職場で、何年か前に台風で停電になったことがあって、いちおう、自家発電は動いたのですが、びっくりしたのは四時間で終わりでした。自家発電設備って、ガソリンとか重油とか軽油を燃料にして動くわけですから、その油がなくなったら発電は終わり。停電の状況《じょうきょう》が長引いたら、そこに留《とど》まること自体が無理です。だからテレビとか見とっても救急搬送《はんそう》されてるわけです。

ボクは前からずっと言ってるのですが、障害のある人とかお年寄りは、被災地《ひさいち》に留まる必要はまったくありません。昨年（二〇一九年）も千葉県で大型台風による被害があったけど、千葉が被災したら、近隣《きんりん》の東京都や神奈川県、埼玉県とかに、一時的に避難《ひなん》しててもらって、まずは安全な状況で暮らしてもらって、復旧したら戻《もど》ってくるというようなことにしないと、障害のある人が生き延びるなんて、無理よ。

そういう想定を、どこも「うちの町は大丈夫《だいじょうぶ》や」と思ってるから準備してないですよね。どこの自治体も準備できてない。だから対応が後手後手《ごてごて》になって、いろんな問題が起きています。ボクが住んでいる西宮市《にしのみやし》もそうやけど、防災と福祉《ふくし》の部局が別々で、災害が起きたときの対応が一元化できていません。

それは法律的な問題とか制度的な問題もあるけど、みんなの意識の問題でもあります。中途半端《ちゅうとはんぱ》な平等論があって、災害時になると「なんで障害者だけ特別なことをせなあかんねん」と思う感覚がいまだに残っています。災害になったらみんな大変ですから、みんな平等に大変ななかを対応せなあかんという思いが、障害がない人の気持ちのなかにありますよね。でも大変なときだからこそ、大変な人を大変じゃないように、より早く安全な場所に移していくべきだと思います。

「命を守りましょう」というけど、じゃあいまの仕組みがほんまに命を守る仕組みなのかというと、そうはなってない。電気や水がなければ、子どもやお年寄りは体調を崩《くず》す。赤ちゃんも不衛生になる。だからとくに防災関係は、首長がしっかりしてリーダーシップを発揮すべきです。

◉阪神《はんしん》・淡路大震災《あわじだいしんさい》で奇跡的《きせきてき》に生き残った

前の本にも書いたように、いまから二五年前の一九九五年一月一七日、ボクは阪神・淡路大震災で被災して、なんとか生き延びました。

当時ボクは結婚《けっこん》したばかりで、安アパートの一階で暮らしていました。その日、妻は特別養護老人ホームの夜勤だったので、ボクは一人で寝《ね》ていました。

突然《とつぜん》、何かがドーンとおおいかぶさってきて、何が起こったかわからない状況でした。気がつけば、横向きでベッドに寝ていたボクの右肩《みぎかた》には天井《てんじょう》が乗っていました。真っ暗で、身動きが取れん。アパートの大家《おおや》さんが「足の不自由な兄ちゃんがおる、助けたって！」と近所に助けを求めてくれて、地域の人たちがスコップやのこぎりを持ち寄って、掘《ほ》り起《お》こしてくれました。それで地震《じしん》発生から二時間後に救出されました。

幸いなことに、ケガはありませんでした。このとき、上を向いて寝ていたら、天井で胸が圧迫《あっぱく》されて死んでいたと思います。ボクの二〇センチ横には、二階の梁《はり》が崩《くず》れ落《お》ちていました。ボクが無傷で生き残ったのは、ほんまに偶然《ぐうぜん》です。

だから、一月一七日は、ボクのもう一つの誕生日だと思っています。ボクは生まれてくるときに一回死にかけたわけやけど、阪神・淡路大震災でも死にかけて、たまたま何とか生き残った。生きること、生きつづけることが、どんなに大事なことで、どんなに素敵《すてき》なことかというのは、わかってるつもりです。震災後はもう、生き方がガラッと変わるくらい、がむしゃらにやってきました。

◉居心地《いごこち》悪かった避難所《ひなんじょ》

阪神・淡路大震災で被災したときのことを思い返すと、避難所も、居心地悪かった。家を失ったボクと妻は、近所の中学校の体育館に避難しました。避難所に行くと、自分の家という空間がどれだけ落ち着くか、どれだけホッとするか、よくわかります。

被災直後は、みんな自分のことでいっぱいいっぱいで、周りのことを見る余裕《よゆう》がないんですよね。家がある人たちはカップラーメンを持ちこんで食べているのですが、その横で着の身着のままの人がポッンといる。またそのカップラーメン、いいにおいするんよ。それでおにぎりが届いて配られると早い者勝ちで、カップラーメン食べてた人が先におにぎり食べていました。結局、障害者とかお年寄りががまんしていました。

その後、ボクらは避難所を出て、知人宅に一カ月半お世話になりながら、名古屋《なごや》に避難して、募金《ぼきん》を集めたりしていました。その後、仮設住宅が当たってそこに入居し、二年間仮設住宅で暮らしました。

◉東日本大震災の被災地へ

その後、日本では大きな災害が続いていて、二〇一一年三月一一日には東日本大震災が起きました。東北の被災地にも何カ所か行きました。そこではもう、言葉が出ませんでした。町がないんです。いまもです。津波《つなみ》に襲われて大きな被害を受けた宮城《みやぎ》県名取《なとり》市の閖上《ゆりあげ》地区は、あそこに立つと、もう言葉が出ない。

3・11の半年後に仙台《せんだい》市に行ったときは、ホテルからタクシーで仙台空港に向かったら、タクシーの運転手さんが「お客さん、左に車の山が見えますか?」と言うから、パッと横を見たら車の山です。「あれがテレビに出てた、津波で仙台空港に流れ着いた車ですわ」と言われたときにも言葉が出なかった。

問12　災害時の障害者支援について聞かせてください。

「バリバラ」の収録で山本シュウさんと福島県南相馬《みなみそうま》市にも行ったんよ。いわゆる立入制限区域〈＊23〉では、人の住んでない家に、三月で止まったままのカレンダーがかかっているのが目に入った。ああいうのは、簡単には語れない。除染《じょせん》した土が入ってる、大きな黒いフレコンバッグをテレビで見たことがあると思うけど、あれがたくさん積まれてるところも見に行ったのですが、もう圧倒《あっとう》されて、すごいとしか言えない。津波だけじゃなくてさらに原発事故が絡《から》んでるから、あれを見ると、何でいま原発を動かしてるのかってほんまに思います。

宮城県の石巻《いしのまき》市に行ったのは、震災の一年後だったかな。更地《さらち》のなかに、ところどころ、きれいな塊《かたまり》があります。なんでそれがきれいなのかと思ってみたら墓地、墓石です。後で建てたのでしょう。全部津波で流されてしまって、墓石だけ新品でした。それがぽつん、ぽつんとあります。現地の案内をしてくれた人は相談の仕事をやっているのですが、その人は災害で子どもを流されたままやって。それでも淡々《たんたん》と仕事をしている姿を見てたら、もう何も言えない。そんな人がたくさんおるんやろな。

阪神・淡路大震災のとき、自分の身近な人が命を落としていたら、話はまた変わったと思います。ボクら夫婦《ふうふ》も仲間も生きていたから、ちょっと早い段階から前向きになれたけど、誰《だれ》かが亡《な》くなってたら、人生はすごく変わってると思います。だからそういう現場を見せてもらうたびに、ほんまに他人事《ひとごと》では済まされないと思います。

◉災害はまたやってくる

南海トラフの地震は、もういつ来てもおかしくないもんな。変な話、ここ半年近く、下から突《つ》き上《あ》げられる感覚がボクにはあります。下からドンドンってくるような感じが、気が付けばあって、ボクはちょっとビクビクしています。それがけっこうしんどいのよ。

災害はまた来るだろうから、そのときの安心をどうつくっていくかというのは、あらかじめ考えておくことが大切ですよね。

たとえば、家が被災して住めんようになったら、「うちの市はあそこの市と被災時の支援提携《ていけい》してるから、当面はそこで暮らしてくれ」とか、そういう具体的な提案が必要です。災害時は、勝手に土地を取られるとか、家を取られるとか、そんな不安も被災した人のなかに出てくるから、落ち着くまでの土地売買や建物売買を凍結《とうけつ》するとか、そういうことをきっちりと打ち出したほうがいいと思います。「勝手に売買できんようになってるから、安心して。ひとまず生活できるところを提供するから一時的にそこへ避難してくれ」とすればいいと思います。たとえば、勤めている会社が住むところを提供するとか、行政だけじゃなくて会社も、そういう災害時の対策を考えていくべきだと思います。

問13　安全管理と権利の関係でモヤモヤしています。

私は大学で障害者福祉《ふくし》を教えていますが、障害のある人が地域社会で当たり前に生きることのバリアを感じる場面がままあります。

たとえば最近では、小さな町では視覚障害者が町の温泉に一人で入れたのに、中《ちゅう》核市《かくし》に引《ひ》っ越《こ》したら、特別養護老人ホーム併設《へいせつ》の地域の高齢者《こうれいしゃ》のための浴場で、支援者《しえんしゃ》なしにはNGが出たことがありました。

当事者には「事を荒立《あらだ》てないでくれ」と言われますが、私はかなりモヤッとしています。

安全管理は確かに理解はできますが、権利との関係で悩《なや》ましいです。（Oさん）

◉安全管理という名の下の差別

安全管理、安全管理というんだったら、極端《きょくたん》にいえば、視覚障害者は町を歩けなくなってしまうよね。最近、駅にホームドアがついてきたけど、ホームドアのない駅には行ったらいけないということになってしまいます。

そういうことを言い出したら、たとえば健常者だって、お風呂《ふろ》入ってて、いつなんどき、脳梗塞《のうこうそく》で倒《たお》れるかわからないからお風呂入ったらいけないという話になってしまいます。公衆浴場は成立しません。

「なんで視覚障害者だけが、安全管理という名の下に拒《こば》まれなあかんのか、理由を述べよ」と浴場側に言うべきです。たとえば視覚障害で、浴場に来るまでにあちこちぶつかって身体がボロボロになった状態で来た人が「風呂に入れてくれ」と言ったとしたら、それを見た温泉の人が「そんなんやったら危ないからやめといて」と言うのはわかるけど、けがもなく来てるのに、「いやいや安全管理の関係でやはり一人では……」というのは関係ないことです。

Oさんは、障害福祉を教えているにもかかわらず、「安全管理で理解できる」と言っていますが、ボクは理解できません。では、お酒を飲んでいたら絶対ダメですね。そこで、みんなにアルコールチェックをしてるかといったら、していません。安全管理を盾《たて》にするんだったら、入り口でみんな血圧チェックをしてるのかといったらしてないですよね。それなのに、視覚障害だから安全管理のために介助者《かいじょしゃ》をつけろというのは不平等です。障害者差別解消法にも、合理的配慮《はいりょ》の提供義務が書かれています（問1参照）。

当事者には「事を荒立てないでと言われる」と書いてるけど、それは遠慮《えんりょ》してるんでしょ。「私ががまんしたら済むことやから」と。でも、そういうことじゃないでしょう。しかもこれ、特養併設って書いてあります。これはひどいですよ。

だから、Oさんから、まず視覚に障害のある本人に、起こっていることは障害者差別であることを説明し、わかってもらうこと。そして、「あなただけの問題ではなく、ほかの人も同じ嫌《いや》な思いをしないように声をあげていくことが大事である」と伝えていくことが必要だと思います。

問14 ＬＧＢＴＱが集まれるカフェをつくりたいので、アドバイスを。

私はＬＧＢＴＱ〈＊24〉の当事者です。当事者たちが気軽に集まれるカフェを、地元でもつくりたいと思っています。何か気を付けることはありますか？

（Aさん）

◉オープンな場所で集まる意味

まず、箱モノ（建物）などをつくることは最初から考えないことかな。拠点《きょてん》がいるとか、この場所を定期的に使うとか、そういうことではなくて、最初は数名であれば、たとえばショッピングモールのフードコートの一角でお茶を飲んだり、ごはん食べながらしゃべるとか、そういうことから始めていくと、自《おの》ずとカフェという名の集《つど》いがどこでもできていきます。お茶会みたいな感じでね。

それを公共の場で、看板も掲《かか》げずにやって、「あそこにいつもしゃべっている人がおるな」とか、そういうところでしゃべることによって、いろんな人に気づいてもらえるきっかけになります。もしかしたら、批判されたり、何か嫌《いや》な思いをすることもあるかもしれませんが、でもそうやって社会との接点をつくっていくことが大事だと思います。せっかくなんだから、いきなりカフェをつくらずに、オープンな場所を使ってやったらいい。だって、先に看板を掲げると、お客さんも「あ、そういう人がおるとこやな」ということがわかったうえでお店に行くから、そこで接点をつくったところで、あんまり広がらない。だって興味なかったら行かないですよね。そこにアクセスせん人は、アクセスせんまま生きていくわけですから、それじゃもったいないと思いますね。

◉誰《だれ》のための活動か？

最近、マイノリティや障害者のためのカフェや集まる場って、ブームになっていますね。質問者のAさんは当事者ですから、当事者発でやるのはいいと思います。ただ、ボクがちょっと気になるのは、支援者《しえんしゃ》発の取り組みの場合、当事者の気持ちはどうなのかということです。

たとえば、認知症《にんちしょう》の人たちがレストランのホールで働く「注文をまちがえる料理店」が話題になって、同じような取り組みが全国的に広がった。認知症の人のことを知ってもらう機会としてはよかったと思うけど、ボクが気になるのはネーミングですよ。あれについて、当事者の声って聞いたことあるかな？

ちょっと当事者の立場で考えてみてほしいのですが、いくらまちがえる可能性はあっても、基本的には、まちがえたくないと思ってるんやないかな。だから、事前準備として、まちがえずに済むような工夫《くふう》とか何かあればいいのですが、「注文をまちがえる料理店」と、バーンって名前を打ち出してしまうと、当事者のプライドを傷つけることにならんかな。その名前は、支援者が一方的につけてないかな。そういう話も、ちょっとずつ出てきています。

この取り組みは全国あちこちでいろいろな人たちがやりはじめているけど、なかには、支援者たちが周りを固めて、当事者にはただ「行っておいで」というだけのところもあります。最初にこれを考え付いてやりはじめた人はすごいと思うけど、後からやる人たちが、ただ乗っかってるだけだったとしたら、残念だと思います。誰のための取り組みなのか、ひょっとして支援者のためだけになってないか、きちんと中身を考えることが大事だと思います。

問15　コロナ禍をどう思っていますか？

今年（二〇二〇年）は、新型コロナウイルス（COVID-19）の登場によって、世界中に激震《げきしん》が走りました。日本でも緊急《きんきゅう》事態宣言が出《だ》され、自粛要請《じしゅくようせい》が続きました。

玉木さんはコロナ禍《か》のなかで、どんなことを考えていますか？　何か不便なことや不安などはありますか？

（Iさん）

◉福祉《ふくし》はみんなのためにある

まず一つ思うのは、このコロナ禍によって、良くも悪くも、福祉のことを考えるきっかけになったんじゃないかなということです。これまで福祉というと、いくらボクらががんばって普遍的《ふへんてき》に伝えようとしても、話を聞く側にとってはどうしても、障害者とか高齢者《こうれいしゃ》とか子どもとか生活困窮者《こんきゅうしゃ》とか、一部の限られた人の問題という感じがあって、なかなか自分ごととして考えてもらえないような一面がありました。

でも、コロナ禍によって自粛要請が出たりして、すべての人に生活の抑制《よくせい》がかかって、暮らしづらさが見えてきました。仕事ができんようになったり、生活が行《い》き詰《づ》まったりということも出てきています。そういうときに、困っている人に寄《よ》り添《そ》って、本人がいろんな課題を解決していくための支援《しえん》をする仕組みが福祉です。だから特定の人のためのものじゃないですよね、みんなに関係することだよねということが、最近伝えやすくなってきたなという感じはあります。

ニュースやCMで聞いたことがある人もいると思うけど、コロナの影響《えいきょう》で当面の暮らしていくためのお金がない人に、社会福祉協議会でお金を貸す仕組みがあります。「生活福祉資金」といいます。本当は、こういう時期だからこそ、貸し付けではなく、給付にするべきとボクは思っていますが、本当に生活に行き詰まった人たち、たとえば飲食店の経営者やフリーランスの司会業、スポーツのコーチ、個人タクシーの運転手さんといった人たちなどがいまの生活を継続《けいぞく》していくためにお金を借りられる制度です。コロナ禍で社会情勢が大きく変わり、これまで普通《ふつう》に暮らしていた人が普通に暮らせんようになるということが、顕著《けんちょ》になってきました。

こういう生活の状況《じょうきょう》というのは、立場を変えてみると、障害のある人にとっては日常《にちじょう》茶飯事《さはんじ》なんですね。じつはボクらがやってる福祉の仕事というのは、そういう日常の困りごとを本人と一緒《いっしょ》に考えて、いろんな人間関係や施設《しせつ》、サービスにつないでいって、その人らしい暮らしができるように応援《おうえん》します。困っている人が解決していけるようにお手伝いをしていく。そういう仕事なんですよ。

今回、コロナ禍によって暮らしづらさとか生きづらさを感じた人たちに、ボクらはきっちりと寄り添って、いままでの暮らしが継続できるように、生活レベルがガクンと落ちんようにサポートしていく。そのことを、これからみんなと一緒に考えていくべきだと思っています。

◉「命の選別」の怖《こわ》さ

そこからもう一つ、表面的にはあんまり出てこないけど気になっているのは、トリアージ（triage）の問題です。トリアージとは、災害などで多数の傷病者《しょうびょうしゃ》が発生した場合に、傷病の緊急度《きんきゅうど》や重症度《じゅうしょうど》に応じて治療《ちりょう》優先度を決めることをいいます。このトリアージの問題は、「命の選別」や優生思想（問6参照）とも切っても切《き》り離《はな》せない関係ですから、ちょっとふれておきます。

二〇一一年の東日本大震災《だいしんさい》では、障害がある人の死亡率は、住民全体の死亡率の二倍だったことが、NHKの調査でわかっています。ヨーロッパなどでは、新型コロナウイルスによる死亡者数の半分近くが、高齢者施設、障害者施設、精神科病院の利用者などではないかといわれています。

「バリバラ」のスタッフに調べてもらったのですが、コロナ禍で「医療崩壊《いりょうほうかい》」という言葉を使っているのは、残念ながら日本だけだそうです。欧米《おうべい》では「医療のリソースが不足している」といういい方でとどまっています。日本が「医療崩壊」という怖い言葉で国民の不安をあおったのは、「みんな医療を受けられんようになったら困るでしょう？　だからちゃんと予防してね」というメッセージも強かったんかなと、いま思っています。

これは伝え聞いた話やけど、重度心身障害の子どものいる家庭に陽性者が出たとき、ほかの家族は当然濃厚接触《のうこうせっしょく》者ですが、症状《しょうじょう》が出ないかぎりＰＣＲ検査や隔離《かくり》をせず、残ってる家族だけでその人を介助《かいじょ》しといて、というケースがあるらしいです。陽性者が出ていたらヘルパーが行くことができないから、結局家族だけで抱《かか》えこまざるをえない。そういうことが漏《も》れ伝わってきています。そういうなかで、本当に障害のある人の命が守られるんかなという怖さが、じつはボクのなかにあります。

主治医からは、「玉木さん、コロナに感染《かんせん》したら確実に重症《じゅうしょう》化していくから、リスクを減らすために人混《ひとご》みに行かないとか睡眠《すいみん》をよくとるとか、そういうことをちゃんとやっといてくださいね」と言われています。ボクは日常的に、「救急搬送《はんそう》されたときには、どうなるかわからんっていうことは覚悟《かくご》しとき」と家族に言っていますが、コロナ禍のなかで、一時期ＥＣＭＯ《エクモ》（体外式膜《まく》型人工肺）や人工呼吸器が足りないといわれた状況では、本当にボクたちに呼吸器が回ってくるんかなとか、下手《へた》したら医療関係者が「この人は、もう五二歳《さい》で障害があるから、そんなに積極的に治療をせんでもええんちゃうか」とか、よかれと思ってそういう考えが働いてきたとき、生きられる命も生きられない状況が出てくるのではないかな。そういうことを思うと、すごく怖いです。相模原《さがみはら》事件の植松 聖《さとし》死刑囚が言っていた「役に立つ命」「役に立たない命」という評価軸《ひょうかじく》で見たときに（問６参照）、下手をすれば、障害が重ければ役に立たない命と見なされてしまうんやないかと感じてしまいます。これ、ボクの勝手な妄想《もうそう》だったらええんやけど。

最近、「集中治療を譲《ゆず》る意志カード」〈＊25〉というのをニュースで見ました。「新型コロナウイルス感染症《かんせんしょう》で人工呼吸器や人工肺などの高度治療を受けているときに機器が不足した場合には、私は若い人に高度医療を譲ります」と表記したカードで、同意する人が署名をするようになっています。

「自分はコロナにかかったら死ぬしかないんよな」というようなことを思ってる人たちが、もしいたとしたら、それは絶対違《ちが》う。ボクはそれをはっきり言いたいんです。

◉ポロッとこぼれた本音

以前、災害に関するシンポジウムで一緒に登壇《とうだん》した人から、本音がポロッと出てきたときがありました。東京で阪神《はんしん》・淡路《あわじ》大震災クラスの直下型地震《じしん》が起きた場合、大変なことになると。そういうときには当然、災害時にトリアージをしなければならないということを言いはじめました。

「まずは二〇代、三〇代、四〇代の働き盛りの人から助けていく。二番目は次に社会を担《にな》って立つ子どもたち。その次に五〇〜六〇代。最後に高齢者と障害者という順序にせざるを得ないから、みなさんは自分で自分の命を守るようにしてください」

この人は何が言いたかったのかというと、家具転倒《てんとう》防止装置をつけるとか、枕元《まくらもと》にホイッスルを置いときなさいということを言いたかったはずなのに、ポロッとトリアージの話が出ました。かつて小泉純一郎《じゅんいちろう》内閣（二〇〇一〜二〇〇六年）で、災害対策の専門家として審議《しんぎ》に呼ばれたことのある人でした。

これはボクの深読みやけど、今回、専門家会議の議事録がないとのことやけど〈＊26〉、一番感染者《かんせんしゃ》数が増えていっていた二〇二〇年三月末とか四月初めの会議のなかでは、おそらくトリアージについて論議していただろうと思います。だから全文公開できないとか、要旨《ようし》しか出せないとか、そういったことを言ってるのかなと思ってしまいます。あの防災シンポジウムでの発言を聞いてから、ボクのなかではそういう怖さがあって、そのときのことがどうしても頭をよぎってしまいます。

◉マスクをつけられない人もいる

それと、日常的なところでボクが困っているのは、マスク。

ちょっとコンビニに入っていくときは、ボクは車いすじゃなくて、歩いて入ります。マスクをしていると、呼吸がしづらい。わかりやすく言うと、高山病《こうざんびょう》のように酸欠《さんけつ》状態に陥《おちい》りやすくて、コンビニで買い物をして車に戻《もど》ってくるだけで頭がぼーっとしたり、えずいたり、むせたりします。でもこのご時世に、街なかでむせたりえずいたりすると、そういうことすら気を遣《つか》ってしまいます。

マスク、マスクと言われてるけど、結局一般人《いっぱんじん》がつけるようなマスクは、感染している人が飛沫《ひまつ》を飛ばすのをガードするという意味ではまあまあ有効やけど、感染してない人がマスクをしても感染予防にはあまり役立たない。だから何が何でもマスクをつけるべきというわけでもないと言われています。

たとえば重度心身障害っていわれるような人たちで、よだれがたくさん出るとか、そういう状況の人たちはほんまにずっとマスクをする必要があるのか。また、感覚過敏《かびん》の人もいます。顔にマスクが触《ふ》れている状態が、気持ち悪くて仕方ないという人もいるのです。そうした人に「ずっとマスクをしとけ」と言っていいのか。じつは、その人の周りの人がマスクをしておけば大丈夫《だいじょうぶ》とか、マスクをつけられない人のための別の感染予防策が、本来は提示されるべきだと思います。多様性のある社会というんだったら、感染予防もマスク一辺倒《いっぺんとう》じゃなくて、いろんな選択肢《せんたくし》を本来提示すべきなのに、それがいま、なかなかできてない。マスクをつけられない人はどうすればいいのかなということは、いますごく気になります。

◉「みんなの命を守ります」という発信を

コロナ禍のなかで、まだメディアもうまいこと伝えられてないところがたくさんあります。

「何があってもみんなの命を助けたいと思うから、安心してくださいね」ということを、なんで政府や医師会が率先《そっせん》して言わないのでしょうか。「ただ、いまのまま感染者が増えると病院がパンクするから、感染予防対策をしっかりとして生活をしてくださいね」と言ってくれたほうが、みんな納得《なっとく》できるはずなのですが、今回、最初のほうの言い方は、「医療崩壊」ありきでいろいろ仕組みを言ってきたから、モヤッとする人もたくさんいるのではないかなと思います。「みんなの命を守ります」ということをはっきりとは言えていません。もちろんすべてがダメとは思わないけど、問題の投げ方として、これでほんまによかったんかということは、これからしっかり考えていく必要があります。感染症だけじゃなくて、災害のときなど、いろんな状況に関係していくと思います。

注

＊1　**障害者差別解消法**……二〇一六年には、いわゆるヘイトスピーチ解消法、部落差別解消推進法も施《し》行《こう》され、これらを合わせて差別解消三法、人権三法などとも呼ばれている。

＊2　**MRI検査**……強力な磁石でできた筒《つつ》の中に入り、磁気の力を利用して体の臓器や血管を撮影《さつえい》する検査。脳や脊髄《せきずい》、関節などの診断《しんだん》に強い。

＊3　**養護学校**……「知的障害者、肢体《したい》不自由者、病弱者（身体虚弱者《きょじゃくしゃ》を含《ふく》む）」を対象とした学校のこと。幼稚園《ようちえん》、小学校、中学校、高等学校に準じる教育を行うとともに、障害を補うための知識や技能を授《さず》けることを目的とする。一九七九年から義務化された。学校教育法の改正に伴《ともな》い、二〇〇七年に盲学校《もうがっこう》、聾学《ろうがっ》校《こう》、養護学校が、障害種別をこえて一本化され、特別支援《しえん》学校となった。

＊4　**ユニバーサルデザイン**……「ユニバーサル」とは「普遍的《ふへんてき》な、全体の」という意味。ユニバーサルデザインとは、「すべての人のためのデザイン」を意味し、年齢《ねんれい》や障害の有無《うむ》、体格、性別、国籍《こくせき》などにかかわらず、できるだけ多くの人にわかりやすく、最初からできるだけさまざまな人が利用可能であるようにつくられたデザインのこと。一九八〇年代にアメリカのノースカロライナ州立大学でデザインを研究していたロナルド・メイス教授によって提唱された。「障害者など特別な人のための対応」ではなく、「あらかじめ、多様な人々が利用しやすいよう都市や生活環境《かんきょう》をデザインしよう」という考え方。七つの原則がある。①誰《だれ》でも使えて手に入れることができる（公平性）、②柔軟《じゅうなん》に使用できる（自由度）、③使い方

が簡単にわかる（単純性）、④使う人に必要な情報が簡単に伝わる（わかりやすさ）、⑤間違《まちが》えても重大な結果にならない（安全性）、⑥少ない力で効率的に、楽に使える（省体力）、⑦使うときに適当な広さがある（スペースの確保）。

＊5　**UDタクシーの乗車拒否《きょひ》**……UDタクシーにもかかわらず、車いす利用者への乗車拒否が相次いでいることから、障害者がつくる団体「DPI日本会議」は二〇一九年一〇月に二度目の全国調査を行った。全国二一都道府県で延べ一二〇名の車いす利用者がUDタクシーに乗車を試みたところ、全国平均二七％の乗車拒否が報告された。とくに地方では、研修を受けていない運転手も見られ、「電動車いすは乗車できない」「乗車に三〇分以上かかる」といった誤った認識《にんしき》があることもわかった。こうしたことなどから、国土交通省は同年一一月、全国ハイヤー・タクシー連合会に対し、UDタクシーの適切な運用を求める通達を出した。

＊6　**法定雇用率《こようりつ》**……すべての事業主には、法定雇用率以上の割合で障害者を雇用する義務がある。民間企業《きぎょう》（従業員四五・五人以上）＝二・二％、国や地方公共団体等＝二・五％、都道府県等の教育委員会＝二・四％（二〇二一年四月までに〇・一％引き上げとなる）。なお、ドイツは民間・公的部門ともに五％、フランスも六％の障害者雇用が義務づけられている。

＊7　**旧優生保護法下の強制不妊《ふにん》手術**……旧優生保護法（一九四八～一九九六年）の下、多くの障害者が、子どもを産めないようにするための不妊手術や人工妊娠《にんしん》中絶を強制されていた。旧法の第一条には、法律の目的として「優生上の見地から不良な子孫の出生を防止するとともに、母性の生命健康を保護すること」と書かれている。

二〇一八年、宮城県の女性が、知的障害を理由に手術をされたことは違憲《いけん》であるとして国家賠償請求《ばいしょうせいきゅう》訴訟《そしょう》を起こし、大きな話題となった。二〇年一〇月現在、八都道府県で二五名が同種の訴訟を起こしている。一九年四月、被害者《ひがいしゃ》に一時金三二〇万円を一律支給する救済法が成立。安倍晋三首相《あべしんぞうしゅしょう》（当時）は反省とお詫《わ》びの談話を発表したものの、国の法的責任にはふれなかった。同年五月、仙台《せんだい》地裁で出された判決では、旧法は違憲との判断を示す一方、救済措置をとらなかった国側の責任を認めず、請求は棄却《ききゃく》された。二〇年六月には、東京地裁でも判決が出されたが、違憲性《いけんせい》について明確な判断を避《さ》け、賠償請求も退けられた。

＊8　やまゆり園での虐待《ぎゃくたい》……二〇一九年一〇月に、津久井《つくい》やまゆり園と同じく社会福祉《ふくし》法人「かながわ共同会」が運営する、愛名やまゆり園（厚木市《あつぎし》）の元園長が、女児への性的暴行で逮捕《たいほ》されるという事件が起きた。これを契機《けいき》に、津久井やまゆり園で不適切な利用者支援《しえん》が行われてきたと指摘《してき》する情報が神奈川県に寄せられ、県の委嘱《いしょく》で第三者による検証委員会が設置された。

二〇二〇年五月に、検証委員会は中間報告を発表。障害者虐待防止法では「正当な理由なく障害者の身体を拘束《こうそく》すること」は虐待とされていて、厚生《こうせい》労働省のガイドラインでも、身体拘束を行う場合は「切迫《せっぱく》性《せい》」（本人やほかの利用者などが危険にさらされる可能性が著《いちじる》しく高いこと）、「非代替性」（ほかに方法がないこと）、「一時性」（必要とされる最短時間の拘束であること）の三要件すべてを満たす必要があるとされているが、中間報告によると津久井やまゆり園では、一つでも該当《がいとう》すればよいと認識していたことが確認《かくにん》されている。また二四時間の居室施錠《せじょう》を長期間にわたり行っていたことも報告されたほか、県としても、県立施設《しせつ》の設置者としての役割意識が不足し、「かながわ共同会」に運営を任せきりにしていたことも指摘された。ところがその後、県は議会で検証中止を表明。全国の障害者団体や専門家から検証継続《けいぞく》を求める声が上がった。翌六月には再度、委員会を改組し、新しい部会で検証を継続することが表明された。

＊9　**衆議院議長宛《あて》の植松聖《さとし》の手紙**……事件を起こす五カ月前の二〇一六年二月、植松死刑囚《しけいしゅう》は東京都千代田区の衆議院議長公邸《こうてい》を訪《おとず》れ、土下座で頼《たの》みこんだうえ、大島理森《おおしまただもり》議長宛の手紙を渡《わた》した。手紙には「私は障害者総勢四七〇名を抹殺《まっさつ》することができます」「障害者は不幸を作ることしかできません」などと書かれ、殺害計画を安倍晋三首相にも伝えるよう書かれていた。

＊10　**重度訪問介護《かいご》**……障害者総合支援法に基《もと》づく障害福祉サービスで、長時間介護が必要な重度の障害があっても在宅での生活がつづけられるようにするための制度。重度の肢体不自由、知的障害、精神障害があり常に介護を必要とする人に対して、ホームヘルパーが自宅を訪問し、入浴、排《はい》せつ、食事などの介護、調理、洗濯《せんたく》、掃除《そうじ》などの家事、生活等に関する相談や助言など、生活全般《ぜんぱん》にわたる援助《えんじょ》や、外出の際の移動中の介護を総合的に行う。費用は一割が自己負担、九割は公費で賄《まかな》われる。ただし、移動時の介助《かいじょ》については、社会生活上必要不可欠な外出や社会参加のための外出に限られ、経済活動を理由とした外出では認められていない。

＊11　**川崎市児童殺傷事件**……二〇一九年五月、川崎市多摩区《たまく》で、スクールバスを待つ児童や保護者らに、刃物《はもの》を持った男が襲《おそ》いかかり、二人が殺害され、一八人が重軽傷を負う事件が起きた。岩崎隆一《いわさきりゅういち》容疑者は、犯行直後に自殺。以前から引きこもりがちだったことが報じられた。

＊12　**京都アニメーション放火殺人事件**……二〇一九年七月、京都市伏見区《ふしみく》にある「京都アニメーション」の第一スタジオが放火され、社員三六人が死亡、三三人が重軽傷を負った。青葉真司《あおばしんじ》容疑者も全身に

火傷《やけど》を負ったが、一命をとりとめた。

＊13　**生活保護法**（一九五〇年～）……生活に困窮《こんきゅう》する人に対し、その困窮の程度に応じて、国が必要な保護を行い、健康で文化的な最低限度の生活を保障し、自立を助けるための法律。規定の要件を満たす世帯に対して、生活扶助《ふじょ》、住宅扶助などのほか、出産扶助や教育扶助などが、必要な各種費用に応じて支給される。

＊14　**母子福祉法《ふくしほう》**（一九六四年～）……正式名称《めいしょう》「母子及《およ》び父子並びに寡婦《かふ》福祉法」。一人親家庭や寡婦（夫と死別、離別《りべつ》し、再婚《さいこん》していない女性）に対する福祉資金の貸し付け、就業支援、自立支援給付金の給付などの支援措置が定められている。

＊15　**児童福祉法**（一九四七年～）……児童福祉を担当する公的機関の組織や、各種施設及び事業に関する基本原則について定められている。

＊16　**乳児院**……さまざまな事情で家族と一緒《いっしょ》に暮らすことができない乳幼児（小学校就学前まで）を入所させて養育し、退所後の相談や支援を行う施設。全国に一三六カ所ある（二〇一六年、厚生労働省）。

＊17　**里親制度**……里親とは、さまざまな事情により、家族と離《はな》れて暮らす子どもたちを、自分の家庭に迎《むか》え入《い》れて養育する人のこと。里親制度は、児童福祉法に基づき、里親となることを希望する人に子どもの養育を委託《いたく》する制度。里親にもいろいろなかたちがある。週末や正月休みなどに子どもを迎《むか》える「季節・週末里親」。一定期間養育する「養育里親」。養子縁組《えんぐみ》によって法的な親子関係を結ぶことを前提として養育する「養子縁組里親」。

＊18　**特別養子縁組**……子どもが戸籍《こせき》上、実親との法的親子関係を解消し、養親が養子を実子と同じ扱《あつか》

いにする、子どもの福祉のために作られた制度。原則六歳《さい》未満の子どもが対象。これに対して「普通養子《ふつう》縁組」とは、おもに家の跡継《あとつ》ぎを残すためにつくられた制度で、養子が実親との親子関係を存続したまま、養親との親子関係をつくる。

＊19　赤ちゃんポスト……熊本市《くまもとし》の慈恵《じけい》病院では、親が育てられない乳幼児を、匿名《とくめい》でも預かる「こうのとりのゆりかご（赤ちゃんポスト）」を設置している。熊本市によると、二〇〇七年に設置されて以来、二〇一九年度までの一三年間で、一五五人の乳幼児が預けられた。

＊20　障害者権利条約では、教育について第二四条に定められている。

障害者権利条約　第二四条　教育

1　締約国《ていやくこく》は、教育についての障害者の権利を認める。締約国は、この権利を差別なしに、かつ、機会の均等を基礎として実現するため、障害者を包容《ほうよう》するあらゆる段階の教育制度及び生涯学習を確保する。当該教育制度及び生涯学習は、次のことを目的とする。

（a）人間の潜在能力並びに尊厳及び自己の価値についての意識を十分に発達させ、並びに人権、基本的自由及び人間の多様性の尊重を強化すること。

（b）障害者が、その人格、才能及び創造力並びに精神的及び身体的な能力をその可能な最大限度まで発達させること。

（c）障害者が自由な社会に効果的に参加することを可能とすること。

2　締約国は、1の権利の実現に当たり、次のことを確保する。

（a）障害者が障害に基づいて一般的《いっぱんてき》な教育制度から排除《はいじょ》されないこと及び障害のある児童が障害に

基づいて無償《むしょう》のかつ義務的な初等教育から又《また》は中等教育から排除されないこと。
（b）障害者が、他の者との平等を基礎《きそ》として、自己の生活する地域社会において、障害者を包容し、質が高く、かつ、無償の初等教育を享受《きょうじゅ》することができること及び中等教育を享受することができること。
（c）個人に必要とされる合理的配慮《はいりょ》が提供されること。
（d）障害者が、その効果的な教育を容易にするために必要な支援を一般《いっぱん》的な教育制度の下で受けること。
（e）学問的及び社会的な発達を最大にする環境において、完全な包容という目標に合致《がっち》する効果的で個別化された支援措置がとられること。

＊21　SDGs……「Sustainable Development Goals」（持続可能な開発目標）の略。二〇一五年の国連サミットで、「持続可能な開発のための二〇三〇アジェンダ」が採択《さいたく》された。二〇一六〜二〇三〇年までの一五年間で世界が達成すべきゴールを示しており、一七の目標と一六九のターゲットで構成されている。そのなかの「目標四　質の高い教育をみんなに」のなかに「二〇三〇年までにすべての男女が無償かつ公正で質の高い初等・中等教育を修了《しゅうりょう》することを目指す」と書かれている。
＊22　難病で人工呼吸器を装着している神奈川県川崎市の光菅和希《こうすげかずき》さんと両親は、二〇一八年四月の小学校入学に際し、地元の市立小学校を希望したが、市教委は「専門的な教育が適切」として県の特別支援学校に就学するよう通知した。両親は「地元小の特別支援学級が適切」とする主治医の診断書《しんだんしょ》を提出したが、決定は変わらず。この決定が差別に当たり違法《いほう》だとして、光菅さんと両親は、川崎市と神奈川県を相手に

横浜《よこはま》地裁に提訴《ていそ》した。二〇二〇年三月の判決では、市、県教委の判断は障害者への不合理な差別であるとまではいえないなどとして、訴《うった》えを退けられた。原告は、控訴《こうそ》して裁判を続ける一方、川崎市から東京都世田谷区《せたがや》へ転居。世田谷区では、地域の小学校への就学が認められ、四月から小学三年生として在籍《ざいせき》している。

＊23　立入制限区域……東日本大震災《だいしんさい》による福島第一原子力発電所の事故で、原発周辺の地域は、住民の安全確保を目的として、積算線量に応じて国が避難《ひなん》区域を指定、立ち入りが制限されるようになった。

現在に至るまで、区分の見直しや一部指定解除等がたびたび行われているが、二〇一二年の見直しで、汚染《おせん》の度合いに応じて「避難指示解除準備区域」、「居住制限区域」、「帰還《きかん》困難区域」の三つの区域に分類された。二〇二〇年七月現在、汚染度の高い「帰還困難区域」が七市町村にまたがって残っている。

＊24　ＬＧＢＴＱ……Lesbian（レズビアン＝同性を好きになる女性）、Gay（ゲイ＝同性を好きになる男性）、Bisexual（バイセクシュアル＝同性を好きになることも異性を好きになることもある人）、Transgender（トランスジェンダー＝身体の性と自分が思っている性が異なる人）、Questioning（クエスチョニング＝性的指向や性自認がはっきりしない、決められない、あるいは悩んでいる状況にある人）の頭文字をとった言葉。そのほかに、QはQueer（クィア＝セクシュアルマイノリティ〈性的少数者〉の総称として使われる）が含まれることもあり、また、Inter-sex（インターセックス＝身体構造が一般的に定められた男性・女性どちらとも一致しない状態）やAsexual（アセクシュアル＝誰に対しても恋愛感情と性的欲求を抱かないという人）など、さまざまな性の形がある。ＬＧＢＴＱという言葉は、セクシュアルマイノリティ全体を表す言葉として使われている。

＊25　集中治療《ちりょう》を譲《ゆず》る意志カード……このカードを公開したのは、一般社団法人「日本原始力発電所協会」（代表＝石蔵文信《いしくらふみのぶ》・大阪大学招へい教授）。カードはホームページからダウンロードできるようになっている。石蔵代表は「『高齢者《こうれいしゃ》が切り捨てられる』といった批判があることは承知している。だが、いざというときにどうしてほしいのか。先送りせず、考えるきっかけにしてほしい」と新聞の取材に答えている。

＊26　専門家会議の議事録……運営の庶務《しょむ》を担《にな》う内閣官房《かんぼう》が、新型コロナウイルス感染症対策を検討する専門家会議の発言者を明記した議事録を作成していないことがわかった。

政府は、専門家会議では自由で率直《そっちょく》な議論を行うため、メンバーの了解《りょうかい》を得て議事録を作成しない方針が決まったと説明。速記録《そっきろく》は保存されているとしたが、発言者や発言内容をすべて記録した議事録は作成せず、発言者が特定されないかたちの議事概要《がいよう》を作成するとした。詳細《しょうさい》な議事録がないことで、具体的な政策決定過程が検証できなくなる恐《おそ》れがあるため、批判や懸念《けねん》の声が上がった。

おわりに

さあ、読んでいただいて、どんな感想をもたれたでしょうか。みなさんからいただいた質問に一つひとつ丁寧《ていねい》に向き合って、ボクなりに考えていることや、そこから少し広げて、みなさんと一緒《いっしょ》に考えていきたいことなどを書くことができたと思っています。質問をいただいた人のなかには、「それは、聞いてない」とか「そこは、聞いてない」と思われる方もいらっしゃるかもしれませんが、それは、許してくださいね。

本当は、もう少し軽いタッチで力を抜《ぬ》いて書きたかったのですが、「相模原《さがみはら》障害者殺傷事件」など、この八年間であまりにも衝撃的《しょうげきてき》な出来事が多くて、胸が詰《つ》まり、ボク自身深く考える機会が増えたため、かなり本気モードで書くことになってしまいました。だから「本当の障害とは？」「みんなの命について」「一緒に生きていける社会をつくる」という大きなテーマを掲《かか》げています。

その分、内容によっては、悲しい気持ちになってしまったり、怒《いか》りが湧《わ》き出《で》てしまったりしたかもしれませんが、それは、ボクもしっかり受け止めさせていただきながら、あらためて、今後さらに発信しつづけていきたいと思っています。最初にもお伝えしていたように「これが正解」ということには、なかなかならないと思うので、これをきっかけに本当に大切なことを一緒に考えていきませんか。どうしても専門用語や法律が多くなってしまっているので、読みにくかったかもしれませんが、ごめんなさいね。できれば、何回か繰《く》り返《かえ》し読んでもらえるとわかるかも（笑）。

今回も出版するにあたり、解放出版社の尾上年秀《おのえとしひで》さんより、「そろそろ二冊目の本を出しませんか」とお声かけいただきました。ライターの黒部《くろべ》麻子《あさこ》さんには、ボクのちょっと過激で？勢いで書いている踏《ふ》みこんだ内容にも、ボクが勝手に言うてることではなく、いろいろな法律やデータにも示されてるでと、わかりやすくするために丁寧な注釈《ちゅうしゃく》を付けていただき、文章を整えていただきました。なかなかこだわりがきつく、やりにくいボクに、一年六カ月もお付き合いいただいたこと、そして、なんとか出版することができたことは、お二人からのお力添《ちからぞ》えなくしては、かなわなかったことです。本当にありがとうございました。

最後に、残念ながらいまもなお、優生思想という恐《おそ》ろしい考え方が見《み》え隠《かく》れしていて、生産性などという評価しがたいものに振《ふ》り回《まわ》されてしまう状況《じょうきょう》にあると思います。相模原障害者殺傷事件で言われた「役に立たない障害者なんて、いなくなればいい」というような言葉にまた出会ったときに、ボクは間違《まちが》いなく、「いなくなっていい命なんてない」「命そのものに意味がある」と自信をもって言いつづけていきたいです。

これからも、生きつづけるかぎりは、いろいろな場面で、ザワザワしたり、悲しくなったり、憤《いきどお》りを感じたり、しんどくなることもたくさんあるんやろうなと思っています。一方で、ワクワクしたり、うれしくなったり、ホッとしたり、楽になることもまた、いっぱいあるんやろうとも思っています。うまくは言えないけれど、それが人生、すなわち「生きる」ということなんやろうと。だからこそ、ボクは、「トコトン生きつづけること」にこだわりたいし、そのためにも、いろんな人とつながりつづけたいと思っています。

命あるかぎり、生きていきたい。生きてほしい。

二〇二〇年一一月

玉木幸則

玉木幸則（たまき ゆきのり）

1968年、兵庫県姫路市に仮死状態で生まれる。４歳そこそこで肢体不自由児療育施設に入所、障害者としての洗礼を浴びる。小中学校は、地元の普通学級で学ぶが、高等学校だけ泣く泣く養護学校へ。

1991年、日本福祉大学社会福祉学部第Ⅱ部卒業後、知的障害者通所授産施設に勤務するが１年で退職。

1992年、自立生活センター・メインストリーム協会事務局次長に就任以後、障害者の自立生活運動にのめりこむ。

2009年４月からNHK教育テレビ「きらっといきる」、2012年４月から、NHK Eテレ「バリバラ～障害者情報バラエティー～」、2016年４月からは、NHK Eテレ「バリバラ～みんなのためのバリアフリー・バラエティー～」にレギュラー出演。

2012年９月末でメインストリーム協会を退職。

2012年11月から社会福祉法人西宮市社会福祉協議会に着任。その後、障害者総合相談支援センターにしのみやセンター長・相談支援事業課 相談総務係 係長・地域生活支援課 地域福祉権利擁護係 係長を務めて、2020年３月末で西宮市社会福祉協議会を退職。

現在は、一般社団法人兵庫県相談支援ネットワーク代表理事。

ほかに、特定非営利活動法人日本相談支援専門員協会顧問。内閣府障害者政策委員会委員。社会福祉法人西宮市社会福祉協議会権利擁護普及推進及び相談支援アドバイザーなどを務める。

トコトン生きるための15問

2020年11月25日　初版第1刷発行

著者　玉木幸則

発行　株式会社 解放出版社
大阪市港区波除4-1-37 HRCビル3階 〒552-0001
電話 06-6581-8542　FAX 06-6581-8552
東京事務所
文京区本郷1-28-36 鳳明ビル102A 〒113-0033
電話 03-5213-4771　FAX 03-5213-4777
郵便振替 00900-4-75417　HP http://www.kaihou-s.com/

印刷　萩原印刷株式会社

ISBN978-4-7592-6124-0　NDC369　141P　19cm

障害などの理由で印刷媒体による本書のご利用が困難な方へ

本書の内容を、点訳データ、音読データ、拡大写本データなどに複製することを認めます。ただし、営利を目的とする場合はこのかぎりではありません。

また、本書をご購入いただいた方のうち、障害などのために本書を読めない方に、テキストデータを提供いたします。

ご希望の方は、下記のテキストデータ引換券（コピー不可）を同封し、住所、氏名、メールアドレス、電話番号をご記入のうえ、下記までお申し込みください。メールの添付ファイルでテキストデータを送ります。

なお、データはテキストのみで、写真などは含まれません。

第三者への貸与、配信、ネット上での公開などは著作権法で禁止されていますのでご留意をお願いいたします。

あて先

〒552-0001 大阪市港区波除4-1-37 HRCビル3F 解放出版社
『トコトン生きるための15問』テキストデータ係

テキストデータ引換券
『トコトン生きるための15問』
6124